A CHEGADA DE UM DEUS SELVAGEM

Dados Internacionais de Catalogação na Publicação (CIP)
(Câmara Brasileira do Livro, SP, Brasil)

Tatay, Jaime
A chegada de um Deus selvagem / Jaime Tatay ; tradução de Suzana Regina Moreira. – Petrópolis, RJ : Vozes, 2020.

Título original: La llegada de un Dios salvaje

ISBN 978-85-326-6434-1

1. Deus 2. Deus – Meditações 3. Experiência religiosa 4. Fé I. Título.

19-32277 CDD-248.2

Índices para catálogo sistemático:
1. Experiência religiosa : Cristianismo 248.2

Cibele Maria Dias – Bibliotecária – CRB-8/9427

JAIME TATAY, SJ

A CHEGADA DE UM DEUS SELVAGEM

Tradução de Suzana Regina Moreira

EDITORA VOZES

Petrópolis

Título do original em espanhol: *La llegada de un Dios salvaje*

Direitos de publicação em língua portuguesa – Brasil:
2020, Editora Vozes Ltda.
Rua Frei Luís, 100
25689-900 Petrópolis, RJ
www.vozes.com.br
Brasil

Editoração: Elaine Mayworm
Diagramação: Sheilandre Desenv. Gráfico
Revisão gráfica: Jaqueline Moreira
Capa: Rafael Nicolaevsky
Projeto de capa: Baseado na capa original (La llegada de un Dios salvage).

ISBN 978-85-326-6434-1 (Brasil)
ISBN 978-84-293-2730-4 (Espanha)

Editado conforme o novo acordo ortográfico.

Este livro foi composto e impresso pela Editora Vozes Ltda.

Sumário

Introdução

Algumas pessoas já me perguntaram, com razão, se depois de 2.000 anos existe algo novo que possa se acrescentar sobre Jesus, sobre a Igreja e sobre a experiência cristã: faz sentido continuar publicando sobre a mesma coisa? Não corremos o risco de repetir, várias vezes, o que outros já disseram? Não seria melhor voltar às fontes e aos clássicos da espiritualidade?

Todas essas ressalvas estão bem justificadas. Afinal de contas, não só a Bíblia é o livro mais reproduzido da história; também os comentários e reflexões sobre a vida de Jesus, a comunidade cristã primitiva e a vida dos santos enchem as estantes das bibliotecas, sendo difícil de tratar sobre todas elas.

Contudo, apesar da quantidade e qualidade da reflexão que encontramos disponível, há algo na transmissão da fé que requer uma constante atualização, que cada época, cada comunidade cristã e cada fiel deve fazer. E em um mundo como o nosso, que muda em ritmo frenético, essa renovação resulta, talvez, ainda mais urgente e imprescindível.

As reflexões recolhidas aqui tentam ajudar nesse processo de atualização. De uma forma fragmentária, cada reflexão foca em um aspecto ou uma dimensão da fé cristã, iluminando-a com um exemplo ou uma história. Inspiradas na Bíblia, na experiência de muitos fiéis ou anedotas da vida cotidiana, pretendem estimular a imaginação da fé e ajudar a expressar com palavras novas as mesmas convicções que, durante gerações, foram centrais para a comunidade cristã.

Apesar de que muitas das reflexões que compõem este livro surgiram pela primeira vez na revista *Mensajero,* agora adquirem um novo sentido como parte de um todo. A estrutura do livro busca, portanto, aproximar-se da experiência de fé por caminhos diversos, mas seguindo uma certa ordem.

Nas duas primeiras partes, meditando sobre *Deus* e sobre *Jesus* – e com a intenção de entrar em seu mistério imensurável – focamos primeiro no modo como os cristãos imaginam Deus-Trindade: uma comunhão de pessoas que envia Jesus entre nós. É um Deus que irrompe no mundo, perturbando a ordem religiosa e social, renovando e dando um novo sentido. Esse mesmo Deus é também quem desce, por amor, fazendo-se um de nós, oferecendo-se como cativo e servidor. É o Deus "ventríloquo" que se expressou de muitas maneiras diferentes ao longo do tempo, mostrando-nos o caminho para conseguirmos ser autenticamente humanos. Mas é Jesus – o rosto mais próximo e familiar de Deus – quem nos mostra um modo plano de estar no mundo. E o faz à sua maneira, com seu estilo particular de responder, de inspirar e de utilizar o poder. Ele é o homem que vem de Deus e que revela o caminho para Deus.

Na terceira e quarta partes, intituladas *Seguimento* e *Comunidade,* a reflexão se torna mais pessoal, passando de Deus e Jesus para cada um de nós e, a partir daí, para a comunidade de fiéis, a Igreja. Esse conjunto de meditações é um convite para se conscientizar da radicalidade da opção cristã, da centralidade do perdão para todo fiel e das implicações de construir nossa vida sobre a rocha firme da fé. Também é um convite para saborear a oração, a simplicidade e a beleza, para experimentar de modo pessoal o chamado de Deus e nos converter em pequenos fogos capazes de acender e iluminar a fé dos outros com nossas próprias vidas.

Se a fé no Deus de Jesus conduz, inevitavelmente, à pergunta pelo seguimento e à vivência da fé em comunidade, essa pergunta e essa vivência eventualmente acabam enfrentando *Dificuldades* e a necessidade imprescindível do *Discernimento.* Na quinta e na sexta partes, as meditações enfrentam a realidade confusa de nossos desejos, com nossos olhares pobres e com as várias armadilhas que dificultam o amadurecimento espiritual. Contudo, apesar das debilidades, dúvidas e tentações que nos afligem ao longo do caminho, são muitas também as ferramentas espirituais que temos à nossa disposição para auscultar nossa vida, identificar nossos limites e escolher bem. Falamos de todas elas na última parte do livro.

Acreditamos que estas meditações possam ser um pequeno guia de viagem para orientar no labirinto das decisões cotidianas sem perder o norte nem a fé. Oxalá, sirvam para viver com mais profundidade: enraizados na tradição recebida, abertos à permanente novidade de Deus e acompanhados pela experiência de muitos outros fiéis que caminharam por este mesmo caminho antes de nós. Oxalá, seja assim.

PRIMEIRA PARTE
DEUS

1
A chegada de um Deus selvagem

Em 1995, os técnicos do Parque Nacional de Yellowstone decidiram reintroduzir o lobo depois de, sete décadas antes, o seu último exemplar ter sido capturado com uma armadilha. Essa decisão – muito polêmica no momento – transformou a paisagem de Yellowstone, em pouco tempo, de uma forma tão radical, que até os próprios gestores do parque não podiam acreditar no que viam.

Os biólogos e engenheiros que estudaram o processo com atenção começaram a entender os mecanismos complexos que desencadearam a chegada de um predador tão eficiente como o lobo em um ecossistema que, até o momento, havia estado dominado por grandes herbívoros como o alce, o búfalo e o cervo.

O primeiro efeito da reintrodução, bem conhecido pelos estudos de dinâmica de populações, foi o aumento rápido dos predadores e também a redução drástica dos herbívoros grandes, até que, finalmente, ambas as populações alcançaram um ponto de equilíbrio. O segundo efeito observado – e também esperado – foi a recuperação progressiva da cultura vegetal e a chegada de novas espécies que, devido à pressão excessiva dos herbívoros, haviam desaparecido quase completamente.

Entre elas se destacam as plantas de ribeira, que voltaram a crescer junto aos rios e correntes, reduzindo a velocidade da água, retendo galhos e favorecendo a sedimentação. Como resultado desse processo – nada esperado – o traçado linear dos rios de Yellowstone foi se transformando, pouco a pouco, em outro mais sinuoso, a ponto de surgirem meandros e pequenas ilhotas, que, por sua vez, permitiram a entrada de novas espécies.

Dito de forma telegráfica, a introdução de poucos lobos acabou transformando radicalmente a paisagem de Yellowstone, modificando inclusive o percurso dos rios.

Para entender o significado do cristianismo e as implicações de sua chegada, pode ser muito ilustrativa a história de Yellowstone. Porque ambas histórias, por mais distantes e distintas que pareçam ser, narram um processo semelhante: a transformação de um ecossistema inteiro, um natural – o de Yellowstone – e outro religioso – o do judaísmo do século I – em algo diferente.

O nascimento de Cristo foi um acontecimento que transformou a paisagem religiosa de um modo irreversível. Nossa fé afirma que, com Jesus, Deus entra na história humana de uma forma nova, inesperada e radical; entra e perturba toda a ordem prévia: o modo de imaginar Deus (como Trindade), o modo de nos compreendermos (como filhos de um só Pai), o modo de nos relacionarmos entre nós (como irmãos de uma única família) e o modo de entender o mundo (como "casa comum" habitada pelo Espírito). Com Jesus, nada mais pode ser como antes.

Os relatos de conversão de todos os tempos narram bem os efeitos que a chegada de Cristo provoca na vida de uma pessoa. Desde as *Confissões* de Santo Agostinho até *A montanha dos sete patamares* de Thomas Merton, passando pela *Autobiografia* de Santo Inácio de Loyola, as conversões religiosas dão testemunho da novidade permanente da fé cristã e sua capacidade para irromper e revolucionar a ordem estabelecida, tanto em nível pessoal como social.

Quando o Deus-amor de Jesus se introduz na vida de uma pessoa e é deixado solto, sem tentar controlá-lo ou manipulá-lo, tudo muda, tudo é recolocado, até o percurso da própria vida.

Porque quando alguém deixa Deus entrar em sua consciência, em seu pensamento e em sua imaginação, transformações vitais se desencadeiam – assim como nos ecossistemas – no interior dessa pessoa. E depois, essas transformações são traduzidas em atitudes e decisões muito concretas: no modo de entender o mundo, de pensar a vida e de ordenar as prioridades. O Padre Arrupe, antigo superior geral dos jesuítas, descreveu magistralmente, com um poema-oração que merece ser reproduzido, o que acontece quando abrimos a porta para Deus-amor em nossa vida:

> Não há nada mais prático do que encontrar Deus;
> do que amá-lo de um modo absoluto e até o fim.
> Aquilo que te apaixona e prende tua imaginação,
> afetará tudo.
> Determinará o que te faz levantar de manhã
> e o que fazes com teus entardeceres;
> Como vais passar os fins de semana,
> o que vais ler e a quem deves conhecer;
> o que parte teu coração
> e o que te enche de espanto com alegria e gratidão.
> Apaixona-te, permanece apaixonado, e isso decidirá
> tudo[1].

Se a introdução de uma nova espécie "afeta tudo", desencadeia mudanças inesperadas na pirâmide trófica e acaba transformando um ecossistema por inteiro, a introdução da pergunta por Deus, o Deus-amor de Jesus Cristo, não "afetará tudo" também? Não transformará o itinerário vital de uma pessoa em direções inesperadas?

A história nos diz que, ao longo dos séculos, tem sido assim na vida de muitas pessoas. A entrada desconcertante, imprevisível

1. Tradução nossa.

e transformadora de Deus na história é o grande relato do cristianismo; o Deus a quem abrimos a porta no Natal, o Deus do amor, o Deus de Jesus, é também – e é bom não esquecer – o Deus selvagem que irrompe em nossa intimidade para se instalar e perturbar para sempre nossa paisagem interior.

Resgatemos a radicalidade do mistério da encarnação. Abramos a porta para o Deus selvagem e criador, o Deus capaz de transformar e recriar nossa vida. Façamos memória de sua irrupção na história e na criação. Deixemos Deus ser Deus.

2
O Deus cativo

Se você convive com uma pessoa durante muito tempo, eventualmente acaba se assemelhando em alguns de seus pontos de vista. Acontece com frequência, mais do que pensamos, sempre e quando estivermos abertos ao diálogo e mantendo uma comunicação profunda e sincera com essa pessoa.

O fenômeno está bem documentado: o refém, depois de um tempo, acaba se identificando com o sequestrador – a famosa "Síndrome de Estocolmo"; o policial se simpatiza com o criminoso; o psiquiatra se apaixona pelo paciente – ou vice-versa; o antropólogo, apesar de tentar ser um observador imparcial, acaba adotando elementos da cosmovisão do nativo; o espião, após se infiltrar nas linhas inimigas, converte-se em agente duplo.

Muitos filmes e livros estão baseados nessa experiência, constatada ao longo da história em contextos bastante diversos. Ocorre um fenômeno que alguns sociólogos denominaram de "contaminação cognitiva": uma transferência entre duas pessoas no modo de ver e valorizar a realidade. Como fruto do encontro, ambas são transformadas, porque não só nos contagiamos com germes e vírus, mas também trocamos ideias e modos de nos situar no mundo.

Nesse sentido, é legítimo interrogar sobre a fé que herdamos: em que medida a relação de Jesus com seus contemporâneos narrada nos Evangelhos reflete essa experiência? As pessoas com quem Ele cruzou foram também *contaminadas cognitivamente* com seu modo particular de ver o mundo, com seu chamado a um amor universal e com sua pregação insistente sobre a chegada do Reino de Deus?

E talvez o que seja mais paradoxal: podemos afirmar o contrário? Jesus também foi transformado pelas relações numerosas que manteve com leprosos, cegos, prostitutas, gentios, paralíticos e publicanos? Se levamos em consideração os sociólogos, antropólogos e psicólogos que estudaram esse fenômeno, temos de afirmar que – em certa medida – deve ter sido assim.

Mas não é necessário recorrer às ciências sociais modernas para constatar algo que a fé judaica havia afirmado já em repetidas ocasiões com outras palavras. Deus escuta e é afetado com o que acontece com seu povo, especialmente os mais débeis, e modifica, em consequência, sua forma de agir. Não é só o povo que é chamado a prestar atenção – "Ouve, ó Israel: Iahweh nosso Deus é o único Iahweh!" (Dt 6,4) –, mas também Iahweh escuta o grito de Israel – "Eu vi a miséria do meu povo que está no Egito. Ouvi o seu clamor" (Ex 3,7).

Porém, o objeto da misericórdia divina vai além de seu povo. Como conta o Livro do Gênesis em outra história comovedora, Iahweh inclusive chega a negociar a diminuição – várias vezes, até bastar a presença de apenas dez justos – da destruição de Sodoma e Gomorra. O universalismo do amor cristão está prefigurado na relação de Deus com toda a humanidade, expressa já no primeiro livro da Bíblia. De alguma forma, desde a criação do homem e da mulher Deus fica apaixonado por sua criação, comprometido com suas criaturas, prisioneiro de sua palavra, cativo de sua própria escolha. O ser humano pode renunciar à fidelidade, à justiça e à misericórdia. Deus não.

Aproximando-nos da vida de Jesus, observamos que essa dinâmica é aprofundada e se torna mais pessoal. Talvez uma das passagens do Evangelho que melhor ilustra com clareza a capacidade de escuta do Filho de Deus e a *contaminação cognitiva* que experimentou é o encontro com a mulher siro-fenícia:

> A mulher era grega, siro-fenícia de nascimento, e lhe rogava que expulsasse o demônio de sua filha. Ele lhe disse: "Deixa que primeiro os filhos se saciem porque não é bom tirar o pão dos filhos e atirá-lo aos cachorrinhos". Porém, ela lhe respondeu: "É verdade, Senhor; mas também os cachorrinhos comem, debaixo da mesa, as migalhas das crianças!" Então Ele lhe disse: "Pelo que disseste, vai; o demônio saiu da tua filha". Ela voltou para casa e encontrou a criança atirada sobre a cama. E o demônio tinha ido embora (Mc 7,26-30).

Jesus – após sua resposta dura no início – fica comovido com as palavras da mulher, aceita sua correção e acaba adotando seu ponto de vista. Porque a mulher intui – e Jesus confirma – algo que Paulo formulará mais tarde: "Se somos filhos, somos também herdeiros; herdeiros de Deus e coerdeiros de Cristo, pois sofremos com Ele para também com Ele sermos glorificados" (Rm 8,17).

Estas breves passagens bíblicas mostram que o Deus em quem cremos é um Deus cativo; cativo de sua palavra, cativo de sua própria capacidade de escuta, cativo de seu amor incondicional por todas as criaturas. A mulher siro-fenícia lembra Jesus – e todos nós – da universalidade do amor de Deus.

Uma das passagens mais conhecidas da Semana Santa na cidade de Málaga é chamada precisamente de "O cativo". É uma escultura imponente de Jesus de mãos atadas e sendo conduzido injustamente ao seu final trágico. O cativeiro voluntário de Jesus é uma característica que a fé simples do povo captou e expressou com arte e devoção. O dramatismo da cena contrasta com a serenidade do rosto de Jesus, sublinhando assim um aspecto central para entender o sentido da Páscoa: é um cativeiro escolhido livremente por amor.

Porque o Filho, assim como o Pai, torna-se prisioneiro de sua própria escolha, de sua entrega incondicional ao Reino, de seu amor radical pela humanidade. Oxalá, sejamos capazes de entrar nesse mistério de entrega e amor: o mistério de um Deus que aceita livremente seu próprio cativeiro, para nos dar, paradoxalmente, a liberdade autêntica. O Deus no qual cremos é um Deus cativo.

3
O Deus pirômano

Na Espanha, o verão é época de incêndios. Com frequência, esses fenômenos incontrolados acabam ocasionando desastres, queimando grandes superfícies florestais, casas e cultivos, ameaçando inclusive vidas humanas. Por isso, a imagem que temos dos incêndios é muito negativa e gostaríamos de poder suprimi-los rapidamente de uma vez por todas. Contudo, o fogo cumpre uma função vital em muitos ecossistemas. Uma função aparentemente perturbadora, mas que é mais importante do que pensamos. De fato, sem o fogo muitas espécies não poderiam se reproduzir nem se dispersar, e alguns ecossistemas perderiam um elemento importante de seu dinamismo.

Por exemplo, em regiões de clima mediterrâneo como na Espanha, a secura faz com que os nutrientes acumulados na matéria orgânica demorem muito para se decompor. Sem o fogo, que acelera o processo lento de mineralização, as plantas não poderiam dispor desses nutrientes. Por outro lado, algumas sementes precisam do calor do fogo ou ser parcialmente queimadas para poderem quebrar sua dura casca protetora. Sem o fogo não seriam capazes de germinar. Ainda tem mais: apesar de ser paradoxal, o fogo inclusive previne... os incêndios! Com efeito, reduzindo a carga de combustível e rompendo a continuidade da vegetação, os próximos não serão tão extensos nem tão intensos. Sem a função reguladora do fogo, o próprio fogo se tornaria incontrolável.

Moral da história: as aparências enganam, e o que analisamos como perda muitas vezes é ganho. E o que o livro da natureza nos ensina quando é estudado pode ser aplicado também em nossa vida. Quantas vezes, olhando para trás, não reconhecemos uma etapa de crescimento ali onde só vimos frustação e perda? Por acaso a fé cristã não está sustentada na esperança de que por detrás da morte (aparente) se esconde a vida (latente)?

À luz dessa experiência, as palavras de Jesus já não soam como uma ameaça, mas como uma oportunidade: “Eu vim trazer fogo à terra”, Ele diz, lembrando-nos que veio para regenerar tudo o que ficou adormecido, seco e morto em nossa vida.

A presença do Espírito de Deus entre nós é representada na Bíblia de muitas maneiras: mediante a imagem do vento, o tabernáculo, a nuvem ou a chama de fogo. Moisés, diante da sarça ardente, descobre que o Deus que fala atrás das chamas é um poder de vida que quer se unir, se comunicar e se propagar. No Livro dos Atos é narrado que os primeiros discípulos, assustados e paralisados, experimentaram a chegada do Espírito Santo como chamas de fogo que pousavam sobre suas cabeças.

O fogo expressa bem a força transformadora de Deus, que queima e abrasa, que reduz a cinzas, mas iluminando e renovando. Parafraseando Paulo, podemos dizer que das cinzas do homem velho surge o homem novo e ressuscitado. Os místicos cristãos captaram bem a força do símbolo do fogo para expressar a presença de Cristo ressuscitado. Para São João da Cruz, aquele que veio “trazer fogo à terra” é quem vem ao nosso encontro como espírito e vida. Assim ele expressa em seu poema conhecido, *Chama de amor vivo:*

Oh! Chama de amor viva
que ternamente feres
de minha alma no mais profundo centro!
Pois não és mais esquiva,
acaba já, se queres,
Ah! Rompe a tela deste doce encontro!

Oh! Cautério suave!
Oh! Regalada chaga!
Oh! Branda mão! Oh! Toque delicado,
que a vida eterna sabe,
e paga toda dívida!
Matando, a morte em vida me hás trocado.

Oh! Lâmpadas de fogo,
em cujos resplendores
as profundas cavernas do sentido,
que estava escuro e cego,
com estranhos primores
calor e luz dão junto a seu querido!

Oh! Quão manso e amoroso
despertas em meu seio,
onde tu só secretamente moras:
nesse aspirar gostoso,
de bens e glória cheio,
quão delicadamente me enamoras!

Francisco de Assis, no famoso *Cântico das criaturas*, convida a reconhecer o fogo como um irmão e cantar:

Louvado sejas, meu Senhor,
pelo irmão fogo,
com o qual iluminas a noite.
Ele é belo e alegre e vigoroso e forte.

Nós jesuítas, muito depois, também recorremos à imagem do fogo. Porém, não para recordar o trabalho de regeneração que as chamas realizam, mas – unidos à experiência dos místicos – para expressar o desejo missionário que impulsiona comunicar a presença de Cristo e a boa-nova do Reino. Sentimo-nos chamados a ser “fogo que acende outros fogos”, porque a dinâmica da fé é a dinâmica do contágio, expressa de forma tão gráfica na imagem do incêndio. E isso vale não só para os consagrados. Todos os batizados são chamados a essa missão.

Cada vez que voltarmos à rotina e fizermos novos propósitos, é bom lembrar as palavras de Jesus: “Vim trazer fogo à terra”. Que todo momento seja ocasião para nos reencontrarmos com Cristo, o Cristo *belo e alegre e vigoroso e forte* dos místicos, o Cristo vivo – *a chama de amor viva* – que nos recorda como é o Deus no qual cremos: um Deus pirômano.

4
O Deus ventríloquo

"Cumpriu-se o tempo e o Reino de Deus está próximo. Arrependei-vos e crede no Evangelho." Estas são as primeiras palavras que Jesus profere no Evangelho de Marcos. São também o melhor resumo de sua mensagem e palavras que, além disso, podem nos ajudar a viver o sentido da Quaresma, porque, no tempo de preparação antes da Páscoa, o que desejamos é precisamente nos converter e crer.

Durante quarenta dias a Igreja nos convida a modificar nossa forma de viver, de pensar, de olhar e de agir; convida-nos a sermos mais permeáveis e a prestar mais atenção à mensagem cotidiana que Deus nos envia. O fiel na Quaresma é aquele que aguça os sentidos para escutar essa mensagem, aquele que tenta descobrir – como dizia Machado – "entre as vozes, uma"[2].

É verdade que frequentemente não somos capazes de entender o que acontece à nossa volta, o que acontece com nós mesmos e, menos ainda, o que Deus pode querer nos dizer no meio de tanto barulho. Mas o que temos certeza é que Deus quer se comunicar e que, de fato, se comunica constantemente ao longo de nossa vida. O redator da Carta aos Hebreus sabia disso muito bem e o expressou de forma insuperável: "Muitas vezes e de modos diver-

2. Tradução nossa. Poema *Retrato*, de Antonio Machado, poeta espanhol.

sos falou Deus, outrora, a nossos pais, pelos profetas; agora, nestes dias que são os últimos, falou-nos por meio do Filho, a quem constituiu herdeiro de todas as coisas, e pelo qual fez os séculos".

Deus fala "muitas vezes e de modos diversos"; comunica-se com o ser humano por meio de mensageiros, por meio da própria experiência interior do fiel, por meio da criação e, especialmente, por meio do próprio Jesus. Deste Deus loquaz e falante já ouvimos falar muitas vezes: é o Deus criador do universo, o Deus de Abraão, de Isaac e de Jacó, é o Deus-Pai de Jesus, o Deus-amor da Primeira Carta de João, o Deus-conosco do Natal, mas porque também é o *Deus-ventríloquo*, o Deus que fala de muitos modos, em muitas situações e por meio de muitas pessoas?

Ventríloquo é uma pessoa capaz de modificar sua voz de modo que pareça vir de longe, alguém que imita bem outras pessoas ou sons diversos. Há alguns anos, José Luis Moreno e Mari Carmen[3] faziam todos rir com seus bonecos e suas piadas. Em meio às brincadeiras e gargalhadas que nos provocavam, transmitiam mensagens importantes sobre como nós somos, sobre nossas grandezas e nossas misérias humanas.

E não é algo muito parecido com o que Deus faz para comunicar suas mensagens? Na Bíblia, por acaso, Ele não aparece como uma espécie de ventríloquo que, escondido por detrás dos acontecimentos e das pessoas, fala ao coração de todo aquele capaz de escutar, para lhe pedir que pare, converta-se e creia?

O fio condutor que atravessa todas as Escrituras é um único chamado: o chamado de Deus, que pede a conversão sincera do ser humano. Para o povo judeu, essa mensagem se resume na oração diária do *Šema'*, o chamado à escuta atenta: "Ouve, ó Israel: Iahweh nosso Deus é o único Iahweh!" Para Jesus, essa escuta se

3. Ventríloquos espanhóis renomados.

concretiza na irrupção constante do Reino de Deus, esse Reino de que tanto fala, esse Reino que já está entre nós.

O fiel, portanto, é aquele capaz de reconhecer a voz de Deus e acolher seu convite à conversão. Como nos lembra o salmista: "Oxalá ouvísseis hoje a sua voz! Não endureçais vossos corações". Ou como diz Jesus ao inaugurar sua vida apostólica, pedindo que o escutem e reajam: "Cumpriu-se o tempo, e o Reino de Deus está próximo. Arrependei-vos e crede no Evangelho".

Ora, se a mensagem ("Arrependei-vos e crede") é tão clara e o emissor (Deus) tão insistente, por que alguns escutam e outros não? Por que, para alguns, crer é fácil e natural, enquanto que para outros, mesmo buscando sinceramente, não encontram nada?

Reconheço que essa sempre é uma pergunta espinhosa, dura e incômoda. Há quem diga que a pergunta pelo mal e pelo sofrimento absurdo é a mais difícil que podemos enfrentar como fiéis. No entanto, a pergunta pela fé acaba sendo ainda mais complicada.

Talvez tenhamos de acolher o convite de Jesus e observar o céu, para comprovar que o sol continua saindo a cada dia, para uns e outros, para bons e maus, incrédulos e fiéis, para todos os que estão no caminho de conversão. Sabemos que o Deus de Jesus continua comunicando e falando, "muitas vezes e de modos diversos". Sabemos que continua insistindo. A fidelidade de Deus, como a saída do sol, nunca cansa de nos convidar a converter e crer, escutando-o ou não.

Oxalá, escutemos sua voz; oxalá, escutemos, entre todas as vozes, apenas a sua; oxalá, reconheçamos a passagem de Deus pela nossa vida; oxalá, descubramos o Deus ventríloquo, próximo e falante, apesar de não o vermos; oxalá, ouçamos a voz que nos diz, sussurrando ao ouvido: "Cumpriu-se o tempo e o Reino de Deus está próximo. Arrependei-vos e crede no Evangelho".

5
Donos ou administradores?

Em abril do ano de 2010 o vulcão islandês Eyjafjallajökull paralisou o tráfego aéreo de boa parte da Europa, afetando os planos de viagem de milhares de passageiros. As linhas aéreas calcularam que a nuvem vulcânica obrigou a cancelar mais de 10 mil voos e afetou 1,2 milhão de viajantes. Durante aquelas semanas, milhares de pessoas ficaram presas por motivos de trabalho ou pessoais longe de suas casas, e as possibilidades de viajar por outros meios esgotaram com grande velocidade. Por alguns dias, comentava um jornalista, "a Europa retrocedeu quase um século na questão de transportes"[4].

Aquele incidente surpreendeu pela sua intensidade, por sua duração e por nos lembrar de algo muito evidente que o Papa Francisco nos disse novamente em sua encíclica *Laudato Si'*: que o mundo não é nosso e que, mesmo com todos os novos aplicativos tecnológicos que possamos inventar, nunca iremos conseguir controlá-lo completamente.

Como vivemos imersos em uma era dominada pela tecnologia – uma época em que a informação flui de forma instantânea, em que podemos viajar para o local mais remoto do planeta e em que podemos comprar qualquer coisa a distância –, acabamos

---

4. Tradução nossa.

esquecendo que existem situações diante das quais somos impotentes. Frente a um terremoto, a uma seca prolongada, a um tsunami ou a um vulcão em irrupção (sem mencionar as doenças e a morte), pouco podemos fazer – além de nos prevenir e esperar com fé, paciência e humor.

Mas esses fenômenos imprevisíveis do mundo natural nos dizem – a nós fiéis – algo ainda mais importante, algo que nos tira do nosso mundo pequeno e nos lembra quem somos e de onde viemos: não somos donos da criação, somente administradores de uma "casa comum" que compartilhamos com muitos outros seres vivos.

Uma coluna de cinzas vulcânicas pode nos lembrar bem qual é o nosso devido lugar de criaturas. E lembrar disso com frequência é vital, porque o esquecimento do nosso "devido lugar" está na raiz do que chamamos pecado, na raiz de uma distorção que rompe nossa relação com Deus, com os irmãos, com nós mesmos e com a natureza. Uma distorção que faz crermos naquilo que não somos.

Porque não somos nem donos nem escravos. Não somos nem o gigante de nossos sonhos nem o anão de nossos medos. Somos "criaturas agraciadas" – como dizem os teólogos – ou "guardiões" – como o Papa Francisco gosta de dizer – de um presente imenso, não merecido e inesperado, que nos transborda. Esse presente é o bem comum mais universal: a criação. E esse bem é o que somos chamados a cuidar e a transmitir aos que vêm depois de nós.

Francisco de Assis, o santo que João Paulo II nomeou como *Patrono da ecologia,* inspirou nosso atual papa a escrever a *Laudato Si'*. O santo italiano entendeu bem qual era o seu devido lugar de criatura, e por isso se sentiu chamado a cuidar do jardim da criação. A Bíblia também fala do jardim da criação, justo no início do Gênesis, mas logo utiliza muito mais uma metáfora agrícola, a da "vinha", uma imagem carregada de sentido para Israel, pois é um dos modos preferidos de Iahweh para se referir a seu povo.

Isaías, por exemplo, utiliza esse símbolo para lembrar com carinho do cuidado com que o Senhor cultivou sua vinha (seu povo escolhido): "Ele cavou-a, removeu a pedra e plantou nela uma vinha de uvas vermelhas. No meio dela construiu uma torre e cavou um lagar". A vinha, contudo, nos diz o profeta, em vez de dar uvas boas, deu uvas azedas; no lugar de responder em gratidão, foi incapaz de dar fruto, de corresponder ao cuidado e à atenção recebida.

A imagem do Deus agricultor, o Deus que cuida de sua vinha, é uma forma de conceber Deus, que hoje é tão distante – imersos como estamos em um mundo urbano e tecnológico, afastados da natureza e de seus ritmos. O Deus agricultor, assim como o Deus pastor, refletiu durante séculos uma imagem válida de como é o Criador, uma imagem captada de forma rápida e intuitiva pelo homem do campo.

Mas essa imagem, que ainda podemos acessar com um pouco de imaginação, não fala só sobre como Deus é. Nos indica também qual é a vocação para a qual o ser humano é chamado. O Deus vinhateiro é quem convida seus filhos a se converterem, por sua vez, em vinhateiros e pastores, cuidadores da vinha e do rebanho, guardiões do irmão e da criação.

Talvez por isso Jesus utilizou essa imagem em sua parábola conhecida dos vinhateiros assassinos, mas invertendo os papéis. Nela, os vinhateiros ocuparam o lugar do proprietário da vinha, o substituíram e se instituíram como os novos donos. Eles, como lembra Francisco, esqueceram que a vinha "é um empréstimo que cada geração recebe e deve transmitir à geração seguinte". A parábola se converte em uma chamada de atenção para não cairmos na tentação de nos considerarmos donos do que não nos pertence. Não podemos esquecer: este mundo não é nosso, "é um empréstimo".

Estamos nos comportando como vinhateiros irresponsáveis; vinhateiros que, ao invés de serem cuidadores, são devastadores.

Como diz Isaías, "arranca[mos] a sua cerca para que sirva de pasto, derruba[mos] o seu muro para que seja pisada". Vendo a degradação de muitos ecossistemas terrestres e marinhos, a extinção de tantas espécies e o desmatamento das florestas tropicais nas últimas décadas, parece que é a humanidade – e não Iahweh – quem disse: "irei reduzi-la a um matagal; ela não será mais podada nem cavada; espinheiros e ervas daninhas crescerão no meio dela. Quanto às nuvens, lhes ordenarei que não derramem a sua chuva sobre ela".

Não nos precipitemos, como os vinhateiros do Evangelho, em desacreditar e criticar aos enviados que nos advertem sobre nossa conduta irresponsável. Os de ontem (Isaías) e os de hoje (Francisco). As Escrituras convidam a nos conscientizarmos sobre nosso lugar no mundo, a reconhecermos nosso pecado e a redescobrirmos a tarefa que nos foi confiada. Inspirados pela vida de são Francisco de Assis e pela mensagem do Papa Francisco, recordemos com alegria que nossa vocação consiste em louvar e ser administradores, vinhateiros ou guardiões do irmão e da criação.

SEGUNDA PARTE
JESUS

6
O descenso por amor

No filme *O Senhor dos anéis,* a elfa Arwen abandona sua vida privilegiada por amor a Aragorn. Renunciando à imortalidade élfica própria de sua espécie, Arwen decide entrelaçar o seu destino com o dos homens, abandonando a segurança de seu povo e o mundo paradisíaco de onde vem. Essa história, baseada na novela de Tolkien, cabe como um anel no dedo para meditar sobre o batismo de Jesus e o sentido de sua vida apostólica, que tem início simbolicamente nesse momento. Serve bem porque o batismo também é, como no caso de Arwen, um descenso, por amor, em direção à humanidade.

A história de Arwen e Aragorn ilumina, apesar das diferenças, a decisão de Jesus de entrar na fila, como os outros, e pedir para ser batizado por seu parente João. Arwen e Jesus descem, por amor, ao coração do homem, para acompanhá-lo, para estar junto dele, para viver como ele.

É certo que ambas histórias não podem ser totalmente comparadas. De fato, há diferenças muito importantes. Por exemplo, a decisão de Jesus ser batizado não supõe uma perda de superpoderes, mas uma identificação mais profunda com uma realidade – a humana – à qual já pertence desde seu nascimento. Além disso, o determinante da decisão de "descender" não é o amor a uma pessoa concreta, mas o desejo de amar e salvar a todos; todos e cada um, sem preferências pessoais. Por último, a missão de Jesus não consiste em salvar a Terra Média do poder de Sauron (o malvado do filme) e destruir o anel, mas em resgatar a humanidade dela mesma e instaurar o Reino de Deus.

No entanto, apesar de tantas diferenças, há um elemento-chave que está no centro de ambos os relatos e justifica a comparação: o descenso por amor. O batismo de Jesus nos lembra o que celebramos no Natal: quem é Deus – amor que descende; e qual é sua missão – proclamar ao mundo a proximidade do amor que chega à vida dos homens.

Esse é o tipo de missão que ressoa nas palavras do Profeta Isaías: uma missão que consiste em abrir os olhos dos cegos, tirar os cativos da prisão e do cárcere os que habitam nas trevas. O descenso de Jesus no Jordão anuncia seu rebaixar aos sótãos da humanidade para libertar, devolver a vista e tirar da escuridão o que habita nas trevas. O amor que descende rompe as correntes, abre os olhos e ilumina a vida.

Na Idade Média, os mercedários (uma congregação fundada por São Pedro Nolasco no século XIII) se comprometiam com um voto especial, o de libertar outros mais débeis na fé, apesar de suas vidas correrem perigo por isso. Eles trocavam de lugar, literalmente, com prisioneiros cristãos cativos no norte da África. Se tivéssemos que escolher um exemplo de amor gratuito, desinteressado, de "amor que descende" até aos cárceres – literalmente – para salvar o que está preso, os mercedários seriam um exemplo magnífico. Um exemplo que, contudo, é incômodo, extremo e provocador. Não é excessivo esse tipo de "descenso"? Não produz vertigem imaginar uma decisão assim?

Essa é também a reação de Elrond, pai de Arwen, ao descobrir a decisão de sua filha: tem certeza das consequências de descender ao mundo dos humanos e renunciar à imortalidade?

"Devido a seu amor, temo que diminuirá a graça de Arwen"[5], diz um dos elfos. Uma reação semelhante de surpresa e perplexidade é expressa por João Batista quando, desconcertado pelo pedido de Jesus, se opõe: "Eu é que tenho necessidade de ser batizado por ti e Tu vens a mim?" Sua surpresa reflete a resistência da primeira comunidade cristã em entender o pedido de Jesus. Como pode o Messias pedir um batismo que, no caso de João, era "para o perdão dos pecados"?

O desconcerto de João e dos primeiros cristãos é lógico: ilustra a dificuldade de reconhecer Jesus como um de nós. Como é possível que Jesus faça fila, como qualquer outro, para pedir o batismo? Por acaso, o Filho de Deus não se encarnou e se fez igual ao homem em tudo, menos no pecado? Jesus não responde à objeção de João. Ele a mantém em suspenso e se refere à vontade de quem o enviou: "Deixa por enquanto, pois assim nos convém cumprir o que Deus quer".

Deus quer descender, e o seu descenso livre e gratuito, por amor, sempre provoca uma mistura de fascínio e rejeição. Provoca perguntas que não podem ser respondidas. No fundo, manter Jesus a distância, em outra categoria – como alguém "de outro mundo", como se fosse um elfo – é uma das grandes tentações do cristianismo de ontem e de hoje (na teologia essa tentação chama-se "docetismo"). Pensar em Jesus como alguém "de outro mundo" pode ser uma desculpa para não olharmos mais para Ele, não nos identificarmos com Ele. Porque o descenso de Jesus, sua identificação conosco, seu descenso por amor, nos compromete.

O amor que descende agita, provoca e desloca. Na vida, muitas coisas nos movem: a inveja, o desejo, o prazer, o bem, o prestígio, o ressentimento, o dinheiro etc. Mas aquilo pelo qual vale a pena nos mover, ao longo de toda a vida, é o amor.

---

5. Tradução nossa.

Nenhuma pessoa que é amada de forma gratuita permanece a mesma. Todos somos transformados pelo amor: Aragorn, pelo amor generoso de Arwen; o cativo, pelo amor inesperado do mercedário; o *dalit*, pelo amor compassivo de Teresa de Calcutá; o fiel, pelo amor pessoal de Cristo. Todos, sem exceção, somos transformados pelo amor que descende.

7
Responder perguntando

Em certa ocasião, saindo da missa, um companheiro jesuíta me disse brincando: "Você percebeu quantas vezes Jesus, nos Evangelhos, responde com uma pergunta?" E agregou: "Parece galego, nunca aborda a questão diretamente".

Para além dos estereótipos culturais e da hipotética origem galaica de Jesus (descartada por todos os estudiosos), não há dúvida de que o profeta itinerante de Nazaré com frequência respondia colocando uma nova pergunta. Esse modo particular de dialogar é uma característica distintiva de sua pessoa, e não uma mera anedota ou recurso literário usado pelos evangelistas.

E é uma característica que vale a pena ser notada, porque perguntar – perguntar bem – costuma ser mais importante do que tentar responder. Dito de outro modo, uma pergunta mal formulada não merece ser respondida, mas corrigida (ou reformulada). Pelo menos essa parece ser a intenção principal das respostas misteriosas de Jesus: interpelar seu interlocutor, clarificar a formulação de suas perguntas e desvelar suas motivações ocultas.

Os melhores exemplos estão nas numerosas polêmicas com os fariseus e mestres da lei. Diante da cura surpreendente de um paralítico e o perdão de seus pecados, os fariseus, escandalizados, exclamam: "Quem pode perdoar pecados a não ser Deus?"

Mas Jesus, sabendo que a interrogação esconde uma acusação implícita, responde: "O que é mais fácil dizer ao paralítico: 'Os teus pecados estão perdoados' ou dizer: 'Levanta-te, toma o teu leito e anda?'"

Pouco depois, de novo, quando os fariseus questionam por que os discípulos arrancam as espigas em dia de sábado, Jesus se refere à própria tradição de seus interrogadores: "Nunca lestes o que fez Davi e seus companheiros quando necessitavam e tiveram fome, e como entrou na casa de Deus, no tempo do Sumo Sacerdote Abiatar, e comeu dos pães da proposição, que só sacerdotes podem comer, e os deu também aos companheiros?"

E, mais adiante, ocorre algo semelhante com outro homem piedoso e rico, quando lhe diz (desta vez sem intenção de armadilha): "Mestre, que devo fazer para herdar a vida eterna?" Assim como com os fariseus, Jesus convida a consultar sua própria tradição: "O que diz a lei?" O final da história conhecemos bem. Jesus não rejeita nem desvaloriza a importância da lei – pelo contrário, em outro lugar chega a dizer: "Em verdade vos digo, que não será omitida nem uma só vírgula da Lei, sem que tudo seja realizado" –, mas ajuda a situá-la em um contexto mais amplo.

Com suas respostas misteriosas, Jesus mostra que a observância religiosa pode nos fazer, paradoxalmente, cegos e inflexíveis; cegos diante da sabedoria das Escrituras e inflexíveis diante de uma tradição capaz de se abrir a situações novas. Perguntar bem, portanto, ajuda a mostrar a riqueza e a profundidade da herança recebida e a defendê-la diante de quem – em seu desejo de cumpri-la – acaba limitando e empobrecendo-a.

Mas Jesus não só responde dessa maneira em contextos polêmicos, desvelando as intenções e agendas ocultas de seus interlocutores. Também o faz para clarificar aspectos de seus ensinamentos e estimular a imaginação religiosa dos discípulos e seguidores. Esta segunda intenção de suas *perguntas-respostas* é muito clara no uso que faz, por exemplo, das parábolas, que, com frequência, estão emolduras por interrogações.

Por exemplo, quando um escriba lhe pergunta: "Quem é o meu próximo?", a resposta é a Parábola do Bom Samaritano, e, continuando, Jesus agrega: "Qual dos três, em tua opinião, foi o próximo do homem que caiu nas mãos dos assaltantes?" A resposta é tão evidente hoje como foi naquele momento para o escriba. Neste caso, não se trata tanto de desmascarar a intenção capciosa ou a hipocrisia religiosa, mas de emoldurar pedagogicamente a pergunta em um novo contexto que ajuda a responder à questão.

Porém, é bom lembrar que esse modo particular de raciocinar não é exclusivo de Jesus. Afinal de contas, Jesus foi um grande conhecedor da tradição profética e sapiencial de Israel, na qual encontra inspiração e à qual se refere constantemente.

No diálogo mais longo e dramático de toda a Bíblia – que Jó tem com seus três amigos e com o próprio Iahweh sobre o sentido do sofrimento humano e a doutrina da retribuição –, Iahweh reserva sua palavra para o final. Para surpresa de Jó e do leitor, diante das várias perguntas e explicações formuladas pelos protagonistas do drama, Iahweh responde... com uma longa série de perguntas!

Reproduzir Jó 38–39 seria excessivo no contexto desta breve meditação. Vale a referência para ilustrar a terceira das razões que levam Jesus e Iahweh a responderem perguntando: a função pedagógica ou mistagógica.

A função mistagógica (por "mistagogia" entendemos o processo de iniciação religiosa ou etapa final do catecumenato) das conversas de Jesus pode ser observada, por exemplo, no final do Evangelho de Lucas, na aparição de Jesus a dois discípulos que vão no caminho de Emaús.

Após o diálogo que começa com uma pergunta direcionada a Jesus – "Tu és o único forasteiro em Jerusalém que ignora os fatos que nela aconteceram nestes dias?" –, os discípulos, taciturnos, escutam a longa explicação daquele peregrino desconhecido que conclui afirmando: "Não era preciso que Cristo sofresse tudo isso e entrasse em sua glória?" Depois da conversa e da ceia, os discípulos por fim abrem os olhos para a presença do Ressuscitado e reconhecem surpreendidos: "Não ardia o nosso coração quando Ele nos falava pelo caminho, quando nos explicava as Escrituras?"

Responder perguntado, definitivamente, não é um modo evasivo de contestar; pelo contrário, é uma forma pedagógica de corrigir nossas distorções religiosas, de nos ajudar a buscar e, principalmente, nos aproximar do mistério de Deus.

8
Verdadeiro Deus e verdadeiro homem

Há alguns anos eu visitei o Vale de Benasque para subir Aneto, a montanha mais alta dos Pirinéus[6]. Dormimos no abrigo da Renclusa, que fica perto do glacial, e dali subimos ao topo. Descendo o vale, no dia seguinte, explicaram-me que toda a água proveniente do degelo do glacial é filtrada pelo Forau d'Aigualluts e desaparece completamente. Durante séculos, os habitantes da comarca não sabiam o que acontecia com toda essa água que esfumava, de repente, naquele lugar misterioso. Para onde ia? Por onde saía?

No século XIX, um tal de Norbert Casteret utilizou corantes artificiais para rastrear a água que era filtrada pelo Forau e descobriu que saía pelo Vale de Aran, há uns 4km de distância. O "desaparecimento" surpreendente da água era devido a um dos maiores fenômenos cársticos dos Pirinéus.

Assim como acontecia com os habitantes do Vale de Benasque, os contemporâneos de Jesus também ficavam desinstalados com fenômenos que não podiam explicar. Já desde o princípio do Evangelho encontramos um Jesus que opera milagres e realiza atos

6. Cordilheira entre Espanha e França.

surpreendentes: cura leprosos, faz paralíticos andarem, expulsa espíritos imundos e devolve a fala aos mudos. Jesus não faz a água desaparecer, mas caminha sobre ela, transforma-a em vinho e define a si mesmo como "água viva".

Jesus é apresentado como um homem impulsionado pelo Espírito de Deus, capaz de operar prodígios desde o início de sua vida apostólica. Por isso, talvez, as pessoas se perguntem com estranheza: O que está acontecendo aqui? Ou, como exclamam os fiéis da sinagoga de Cafarnaum: "O que é isto?" Para poder responder a essa pergunta, talvez tenhamos que adotar o método do espeleólogo e fazer como Norbert Casteret: jogar um pouco de corante artificial nas palavras e ações de Jesus para ver "para onde nos levam".

Verdadeiro Deus

No credo confessamos que Jesus é "Deus de Deus, luz da luz, Deus verdadeiro de Deus verdadeiro, [...] consubstancial ao Pai".

Essa fórmula, um tanto abstrata para nós, é a tentativa de responder, por parte da Igreja, à pergunta que surge ao se conhecer Jesus; à pergunta que todos nós enfrentamos sempre que mergulhamos nos relatos evangélicos: o que é isto?

A pergunta que os homens que conheceram Jesus faziam remete à autoridade e origem dele. Pensemos que no mundo antigo a autoridade estava vinculada à origem social de uma pessoa. Um centurião, um sacerdote, um imperador ou um pai de família tinham a autoridade que era conferida por sua origem familiar, sua tribo ou seu cargo. A origem determinava o que a pessoa podia ou não podia fazer na vida. A "ascensão social" de que falamos hoje em dia não existia naquela ocasião.

Assim se explica a reação dos publicanos e fariseus na sinagoga de Cafarnaum: quem é esse homem capaz de expulsar espíritos imundos? A resposta era evidente para eles: somente Deus. A constatação inevitável, à qual pouco a pouco os contemporâneos de Jesus são reconduzidos, é reconhecer que Jesus é "o homem que vem de Deus", o homem que age com o poder e a autoridade de Deus.

Haruki Murakami, famoso novelista e corredor japonês, diz que aprendeu as técnicas que utiliza para escrever literatura correndo pelas manhãs. Poderíamos parafrasear Murakami e afirmar que tudo o que Jesus fez e disse em sua vida aprendeu de seu Pai. Jesus é o homem que tem sua origem em Deus. Não é um anjo camuflado, nem um mago, nem um profeta poderoso. É um homem que vem de Deus, aquele de quem dizem: "Este ensinamento com autoridade é novo". Não poderia ser de outra maneira, porque Jesus é quem age com a autoridade de Deus.

Verdadeiro homem

Mas no credo não só afirmamos que Jesus Cristo é "Deus de Deus, luz da luz, Deus verdadeiro de Deus verdadeiro". Também dizemos que "se encarnou [...] e se fez homem", que é "verdadeiro homem". E o mais surpreendente é que, mesmo quando parece ser o contrário, essa segunda afirmação é mais difícil de aceitar do que a primeira.

Jesus se fez um de nós para poder exorcizar nossos demônios, para cortar as correntes que nos amarram, para tirar das profundidades a água da vida, para fazer com que o homem viva e se coloque de pé. Jesus é quem mostra em que consiste ser homem, é quem revela a plenitude do humano.

Nesse ponto, faz sentido falar de demônios e de espíritos imundos. Daí a insistência sobre isso nos Evangelhos. O combate contra espíritos e demônios tem um papel central no ministério de Jesus, apesar de que hoje seja um tema estranho para nós. A luta contra o diabólico, contra tudo aquilo que separa, que rompe e desumaniza é uma maneira de entender a missão de Jesus e sua humanidade plena.

Os espíritos imundos retorcem o ser humano, o amarram, bloqueiam e separam da comunidade. No famoso romance *As viagens de Gulliver,* o protagonista chega a uma ilha habitada por liliputianos. Gulliver cai ao chão para descansar, e quando acorda descobre que foi imobilizado pela multidão de cordas pequenas. As cordas e o tamanho dos habitantes da ilha, aparentemente insignificantes, são, contudo, capazes de bloquear o movimento do gigante, até paralisá-lo completamente. Esse livro não é só um conto para crianças; é também uma sátira da natureza humana, uma natureza capaz de ficar, como Gulliver, totalmente bloqueada por coisas pequenas e ridículas.

Os espíritos imundos dos Evangelhos são algo assim; não têm autoridade nem entidade. São medos e forças que nos desumanizam e paralisam. Jesus é o homem forte que desata as cordas, expulsa os demônios e coloca o homem novamente de pé. Jesus é o homem que tem autoridade para cortar as cordas. Corta os laços que nos paralisam e nos convida a andar erguidos. Nisso consiste precisamente o "ser verdadeiro homem": caminhar erguido.

Todos nós atravessamos em algum momento de nossa vida períodos de turbulências, zonas nas quais não vemos a saída, tempos nos quais ficamos paralisados e bloqueados. Nesses momentos somos convidados a entrar no mistério da vida de Jesus e confiar para sair à luz com Ele e por Ele. Não sabemos se vamos sair na altura da Vall d'Aran, como a água do glacial de Aneto, mas sabemos que vamos sair à luz, e colocados de pé. Essa é a nossa fé, a fé em Jesus, o homem que vem de Deus e retorna a Deus, "verdadeiro Deus e verdadeiro homem".

9

O amor cristão: inspiração e transpiração

Conta-se que em certa ocasião perguntaram para Thomas Alva Edison qual era a fonte de sua grande criatividade. O inventor da lâmpada respondeu: "99% é transpiração e 1% é inspiração". Até o inventor mais genial reconhecia que boa parte do que conseguia era devido a seu esforço, sua constância e sua persistência. E logo, esperava-se, a inspiração chegava. Essa experiência foi comprovada por muitos outros artistas e investigadores. Picasso, por exemplo, dizia que "a inspiração existe, mas ela tem que te encontrar trabalhando".

Nossa cultura, contudo, tende a idealizar excessivamente a dimensão criativa, a inspiração ou inovação, como costuma ser chamada agora. Nesses últimos anos, escutamos excessivamente expressões como "ser inovador" ou "criar uma *startup*".

Ora, e se perguntássemos a Jesus sua opinião a respeito? O que diria? É muito provável que respondesse, assim como Edison e Picasso, que para conseguir algo valioso é preciso trabalhar. E trabalhar muito. Sua própria vida é o melhor exemplo.

A maioria dos esforços de Jesus em anunciar o Reino de Deus e comunicar a boa notícia do Evangelho bateu de frente com a indiferença ou a rejeição aberta de seus contemporâneos. Jesus transpirou muito, e muitas vezes sem êxito.

Sua própria família o questionou e se distanciou dele, tratando-o como um louco. Mas, apesar de tudo, apesar dos abandonos, apesar dos desenganos e traições, Jesus continuou. E no final, só no final, depois da Páscoa, após muitas dificuldades e conflitos entre os primeiros cristãos, sua mensagem começou a vingar.

Jesus certamente inovou – no sentido religioso do termo – e lançou uma *startup* de grande êxito histórico – a Igreja –, mas primeiro teve que transpirar e fracassar até conseguir. É significativo que, depois da ressurreição, Paulo e Barnabé recordam os primeiros cristãos: “É preciso passar por muitas tribulações para entrarmos no Reino de Deus”. A advertência continua sendo válida para nós. O seguimento cristão não é um passeio agradável de barco nem um idílio romântico; é um trabalho duro e custoso, uma tarefa difícil, uma graça cara.

Amor como tarefa

Não é anedótico, portanto, que a mensagem principal do cristianismo seja colocada como uma tarefa. Assim nos diz Jesus em uma frase que resume sua vida e sua missão: “Eu vos dou um novo mandamento: amai-vos uns aos outros como eu vos amei”.

Jesus não nos diz: “Se você está bem, ame”, ou: “Se for fácil, ame”, ou ainda: “Se for correspondido, ame”. Não. Pelo contrário, confia-nos um trabalho sem colocar condições. Não é um convite nem uma recomendação; é um mandamento. Acostumados como estamos a relacionar a palavra “amor” com um estado ideal ou uma situação prazerosa na qual é fácil gostar de alguém, pensar no amor como tarefa parece estranho.

O amor cristão não é aquele descrito nos filmes, nem como cantam as canções, nem como percebemos à nossa volta nos relacionamentos próximos. O amor cristão é caro e custoso. Ou, parafraseando Edison, tem muito de transpiração e só um pouco de inspiração.

Amar como Jesus

No entanto, a inspiração também é importante. A segunda característica do amor cristão, o que difere dos outros modos de amar, é sua fonte de inspiração. Jesus nos indica isso no "como eu vos amei". Porque não se trata somente de amar, nem de amar muito, nem mesmo de amar a todos, mas de amar como Ele nos amou. Tudo depende desse "como". Esse é o segredo do amor cristão, o 1% que precisamos para recriar o amor de Deus no mundo.

Um cristão é simplesmente uma pessoa inspirada por Cristo. Uma pessoa que assume a aprendizagem dura e custosa do amor humano, buscando sempre refletir Jesus. A alegria serena e a esperança firme do amor de Jesus – um amor que sabe dos desenganos e das lutas, mas também de ilusões e cumplicidades – são o modo próprio de amar dos cristãos. É um amar que consiste em fazê-lo à maneira de Jesus, não como nossos familiares, nem como nossa parceira ou parceiro, nem como nossos amigos, mas como Ele nos amou.

Durante a segunda semana dos *Exercícios espirituais,* Santo Inácio expressa essa proposta em forma de pedido, convidando a "pedir conhecimento interno do Senhor, que por mim se fez homem para que mais o ame e o siga". Conhecendo, amando e contemplando a Cristo, aprendemos a amar os outros. Essa é a intuição de Inácio e o grande convite dos *Exercícios.* O cantor e compositor jesuíta Cristóbal Fones expressou isso com um poema-canção que serve também para meditar sobre o mandamento mais surpreendente:

> Quero falar sobre um amor infinito
> que se faz criança frágil,
> amor de homem humilhado;
> quero falar sobre um amor apaixonado.

Com dor carrega nossos pecados.
Sendo rei, torna-se um escravo;
fogo de amor poderoso,
Salvador humilde, fiel e silencioso.

Amor que abre seus braços acolhedores,
quero falar sobre o caminho para a vida.
Coração paciente, amor ardente:
quero falar daquele que vence a morte.

Quero falar sobre um amor generoso
que faz e se cala, amor a todos,
nos procurando o tempo todo,
esperando a resposta, o encontro.

Quero falar sobre um amor diferente,
misterioso, infalível,
amor que vence na cruz:
quero falar sobre o coração de Jesus"[7].

---

7. Tradução nossa.

10
Guerra dos tronos: Cristo Rei

"O tempo é superior ao espaço", o Papa Francisco gosta de repetir com frequência. A frase soa enigmática na primeira vez que escutamos, mas é muito mais clara quando ele explica: "Sempre somos mais fecundos quando temos maior preocupação por gerar processos do que por dominar espaços de poder". O processo (*o tempo*), a longo prazo, é mais fecundo do que o poder (*o espaço*), apesar da tentação de pensar que é exatamente o contrário.

Jesus foi tentado pelo demônio, precisamente, com uma proposta que tem a ver com a frase de Francisco: crer que o espaço é superior ao tempo; crer que o poder é o melhor atalho para conseguir os objetivos. Na famosa cena das tentações no deserto, o demônio conduz Jesus a um monte muito alto e dali, como se fosse um trono, mostrou todos os reinos do mundo, dizendo: "Tudo isto te darei, se, prostrado, me adorares". Jesus, obviamente, não se prostrou, mas respondeu: "Vai-te, satanás".

A tentação do poder, a mais clara e provocadora das três que Jesus enfrenta, é a tentação à qual o Papa Francisco se refere. É também a tentação que todos nós enfrentamos, em medida maior ou menor, ao longo de nossa vida. É a tentação de ocupar "espaços de poder", a tentação da guerra dos tronos, de resolver os problemas pela força. Ou, dito de outro modo, é a tentação do atalho, das soluções rápidas que pulam a tarefa humilde e penosa do processo, que desprezam o valor das tentativas.

No Evangelho reaparece algumas vezes essa questão, de diversas formas. Anos após a experiência do deserto, em plena vida apostólica, Jesus rejeita Pedro duramente dizendo, como ao demônio: "Afasta-te de mim, satanás!" Pedro havia lhe repreendido ao anunciar sua futura paixão e tentava convencê-lo a escolher um atalho, para evitar o caminho da cruz. Mas Jesus insiste: o tempo é superior ao espaço. Próximo ao final da vida de Jesus, o Evangelista João coloca na boca de Pilatos uma pergunta capciosa: "Tu és o rei dos judeus?" Jesus, mais uma vez, recusa o título de rei – a tentação do poder – e responde: "Meu reino não é deste mundo".

Do início ao fim, portanto, Jesus tem de clarificar constantemente quem Ele é – e quem ele não é – e qual é a sua missão verdadeira: anunciar o Reino de Deus, um reino muito diferente do que os homens de sua época imaginavam. O Reino que Jesus anuncia tem a ver mais com o processo lento de crescimento da semente do que com o jogo de poder exercido em um trono. Tem a ver mais com o tempo do que com o espaço.

A maioria das parábolas do reino, de fato, aponta nessa direção. Pensemos naquela da mostarda – que, sendo tão insignificante, chega a virar uma árvore na qual os pássaros se abrigam – ou, melhor ainda, aquela sobre o trigo e o joio – que crescem juntos, dividindo o espaço no campo. A tentação, no caso do joio, é arrancá-lo para assegurar o espaço do trigo, para que cresça e dê mais fruto. É tão claro e evidente o que tem que ser feito! Mas Jesus, contudo, recomenda não fazer assim: por respeito ao tempo, por respeito ao processo, por respeito ao próprio trigo.

Em nossa vida somos tentados toda hora a fazer o mesmo: arrancar o joio, identificar o culpado, cortar pela raiz, achar atalhos, assegurar espaços, subir ao trono. Mas não; apesar de parecer evidente, apesar de ser lógico, apesar de ser o mais fácil, Jesus diz “não” e convida a fazer justamente o contrário: respeitar o joio, não ocupar todo o espaço, dar tempo. De novo, o tempo supera o espaço.

Porque o Reino de Deus é o reino das coisas pequenas, lentas, ocultas, frágeis. É o reino da vida que se forma aos poucos, que é tecida no oculto, construída no silêncio. Esse é o Reino que Jesus veio anunciar, não o reino do trono e seus jogos de poder.

Não é casualidade que são os pobres de espírito, dentre todos os bem-aventurados, que herdarão o reino. Tampouco é casual que os puros de coração são os que verão a Deus. A pureza de coração e a pobreza de espírito não têm a ver com a capacidade de contemplar as coisas pequenas, lentas, ocultas, frágeis? Não têm a ver com a atitude que rejeita o trono e seus falsos jogos de poder?

A pureza de coração e a pobreza de espírito nos conduzem ao Reino. Ou, dizendo melhor, nos tornam parte do Reino. Porque o Reino, para os cristãos, não é um espaço físico; é um modo de viver no mundo e habitar no tempo.

Que Cristo chegue a ser Rei, o Rei da minha história, o Rei da minha vida, será um longo processo que exigirá tempo, muito tempo. Afirmar que Cristo é Rei leva, de fato, a vida inteira. Cristo é Rei, sim; mas não o Rei do trono, e sim o Rei do tempo. Ele é o alfa e o ômega, o princípio e o fim. É Cristo ontem, hoje e sempre. Desse modo sim, e só assim, podemos dizer, por fim, que Cristo é Rei.

11
A Bíblia em um tuíte

Muitos pensam que a grande invenção de nossa época são as redes sociais. Estão errados. As redes sociais foram inventadas há anos. De fato, existem desde que as pessoas começaram a se comunicar, apesar de não serem chamadas assim.

Tudo bem que o Twitter, como exemplo de uma das redes mais usadas, foi inventado há poucos anos. A ideia "revolucionária" de transmitir informação em uma frase breve (um "tuíte" – como o pio de um pássaro – tinha no máximo 140 caracteres no começo, e 280 atualmente) parece algo muito original, apesar de que, parando para pensar, concentrar uma ideia em uma mensagem curta e direta é algo tão antigo quanto a comunicação humana.

A grande novidade das redes como o Twitter consiste no modo digital de transmitir as mensagens e a grande facilidade de acesso e interação que possibilitam, apesar de que a lógica em si, como estou falando, não é nova. "Para de enrolar e vai direto ao ponto", é o que costumamos dizer para esclarecer uma questão. "Resume em um tuíte", seria uma boa maneira de expressar a mesma coisa hoje em dia.

De fato, há 2.000 anos, quando nem era possível imaginar o surgimento da era digital, pediram que Jesus resumisse o mais importante de sua mensagem em uma frase curta. E Ele fez isso em várias ocasiões. Parando para ler com atenção os Evangelhos, é possível perceber que quase todas as respostas de Jesus são breves e diretas; sem enrolações, sem frases eloquentes.

As bem-aventuranças, consideradas por muitos como a mensagem central dos Evangelhos, são um bom exemplo. Todas encaixam em um tuíte, e dos breves: "Bem-aventurados os que choram, porque serão consolados" (54 caracteres); "Bem-aventurados os perseguidos por causa da justiça, porque deles é o Reino dos Céus" (84 caracteres) etc.

E nas Escrituras judaicas acontece a mesma coisa. Moisés, ao receber os Dez Mandamentos da Lei de Deus no alto do Monte Sinai – o "código" que regula a vida do povo de Israel – também poderia ter tuitado sem problemas (se tivesse em mãos a tecnologia adequada). Não o fez, apesar de que, assim como as bem-aventuranças, os mandamentos encaixam com folga em menos de 140 caracteres. Muitos salmos e boa parte dos provérbios também poderiam ser transmitidos assim, em partes, conservando sua mensagem central.

A lógica da fé e a lógica do tuíte talvez não estejam tão longe, como pode parecer à primeira vista. De fato, Bento XVI, pela primeira vez na história, começou a tuitar como @Pontifex, e Francisco, que continuou mantendo ativo o perfil na rede social, disse "As ruas do mundo são o lugar onde as pessoas vivem, onde são acessíveis efetiva e afetivamente. Entre essas ruas também se encontram as digitais". Se nossa fé é chamada a ser proclamada no mundo inteiro, até os confins da Terra, por que não o fazer também nas ruas digitais?

Mas voltemos outra vez ao Evangelho, escrito muitos séculos antes da revolução digital que caracteriza nossa época. Em várias ocasiões pediram que Jesus fizesse um esforço de síntese e condensasse a Lei de Deus em poucas palavras: "Qual é o mandamento principal da Lei?", um letrado lhe pergunta para colocá-lo à prova. Jesus respondeu: "Amarás ao Senhor, teu Deus, com todo o teu coração, com toda a tua alma, com todo o teu ser. E teu próximo como a ti mesmo" (de novo, em menos de 140 caracteres). Se tivessem pedido que resumisse a lei ainda mais, utilizando o hashtag #em6palavras, provavelmente teria dito algo assim: "Amor a Deus, amor ao próximo".

O que Jesus teria tuitado #em6palavras nunca saberemos, mas o que sabemos com certeza é que sua mensagem central fala do amor e gira em torno de dois centros: Deus e o próximo. "Nisto se resume a Lei e os Profetas".

Lembro-me que, quando estudava geometria, o professor nos explicava que a soma das distâncias de dois focos se mantinha constante em todos os pontos de uma elipse. Esse era o "segredo" da elipse, a chave que abre o significado dessa forma geométrica. "O segredo" da vida cristã, Jesus nos recorda, consiste também em girar em torno a dois focos: Deus e o próximo, e fazê-lo impulsionados pelo amor.

Em algumas épocas da vida precisamos nos centrar em Deus; em outras, mais no serviço direto ao irmão. Mas a referência constante sobre um e outro – Deus e o próximo – nunca pode faltar. Essa é a mensagem que temos de lembrar continuamente, para não esquecer quais são os dois centros de gravidade de nossa fé. Essa é a mensagem que vale a pena ser retuitada várias vezes: "Amor a Deus, amor ao próximo".

Em torno desses dois polos temos de nos mover constantemente, porque um equilibra o outro. Quando vivemos centrados só em Deus, corremos o risco de virar fundamentalistas e acabamos – como Narciso – refletidos em nossa imagem deformada de Deus, obcecados por escutar nossas próprias mensagens, preocupados pelo eco vazio de nossas palavras. Quando isso ocorre, de fato, não vivemos centrados em Deus, mas em uma imagem distorcida dele. Mas se focamos apenas no homem, talvez inflamamos as linhas do humanismo laico admiráveis e suas grandes realizações, mas esquecemos quem é que nos impulsiona e por que nos colocamos em movimento em primeiro lugar.

Jesus nos conduz de Deus ao homem e do homem a Deus. Deus nos envia ao próximo e o próximo remete a Deus, em uma viagem de ida e volta que não termina nunca. Essa é a dinâmica da fé cristã, sua mensagem principal. Amar a Deus implica amar ao próximo; amando ao próximo, descobrimos Deus. Por isso, a vida cristã é elíptica, não circular. Retuitemos a mensagem central de nossa fé, gravemos em nosso coração, coloquemos em prática. #em6palavras: amor a Deus, amor ao próximo.

TERCEIRA PARTE
SEGUIMENTO

12
Deixando (quase) tudo, o seguiram

Os Evangelhos não são livros de história. Também não são documentos jurídicos nem relatos jornalísticos que buscam reproduzir fielmente alguns fatos tal qual ocorreram. Os Evangelhos são textos que narram uma experiência de encontro e de fé de uma comunidade. E essa experiência é comunicada com uma linguagem simbólica, própria das pessoas e da época em que viveram esse encontro.

Talvez por isso não só é comum contradições sobre aspectos da vida de Jesus – como o momento de sua ressurreição –, mas, além disso, há erros evidentes para qualquer leitor experiente. Um exemplo muito claro é o chamado de seguimento aos discípulos.

Quando o Evangelista Lucas relata o encontro de Jesus com um pequeno grupo de pescadores galileus no Lago de Genesaré, ele afirma que "deixando tudo, o seguiram". Os outros Evangelhos sinóticos diminuem um pouco o tom. Marcos diz, com o caráter sóbrio e direto que lhe caracteriza, que "deixando as redes, o seguiram". Mateus, para quem a genealogia e a tradição familiar são tão importantes, afirma que "deixando o barco e seu pai, o seguiram". Para João, contudo, que não ambienta a cena no lago, é o Batista quem apresenta Jesus, "e os discípulos ouviram o que disse e passaram a segui-lo". Nesse caso, diferente dos três sinóticos, não se diz mais nada sobre as implicações imediatas do seguimento.

A apresentação de Lucas, portanto, é a mais arriscada, porque afirmar que os discípulos deixaram *tudo* para seguir Jesus não só é exagerado, mas provavelmente distante da realidade do que deve ter acontecido.

Já sabemos que os discípulos não deixaram *tudo*; pelo contrário, levaram consigo muitas coisas das quais não conseguiram desapegar durante o tempo que compartilharam junto ao pregador itinerante de Nazaré. Carregaram suas histórias pessoais, suas expectativas políticas, seus interesses familiares, seus modos de ser e até suas ideias de possessões materiais – a casa, a barca e as redes – e algumas relações familiares, mas sem dúvida arrastaram junto preconceitos sociais, políticos e religiosos.

As histórias que narram os Evangelhos, e sua continuidade nos Atos dos Apóstolos, podem ser entendidas como um desprendimento e purificação progressivos desde o primeiro chamado, como uma compreensão cada vez mais profunda das consequências do seguimento de Jesus por parte dos discípulos até sua disposição final a se apresentarem diante de Deus com as mãos vazias e o coração aberto. Poderíamos dizer que os discípulos sofrem um processo de desprendimento que os leva a deixar primeiro algumas coisas até, finalmente, após vários tropeços, deixarem *tudo*.

E esse é um processo que levou tempo, muito tempo, como podemos deduzir da leitura dos Evangelhos. Consciente da enorme fragilidade dos primeiros discípulos, Jesus desenvolve uma pedagogia que explica os chamados múltiplos de seguimento e os diversos anúncios da paixão pontuados nos Evangelhos.

As agendas ocultas, os interesses paralelos e as traições dos apóstolos manifestam um seguimento desajeitado, mas mostram algo ainda mais importante: desde o início a Igreja não foi uma comunidade de discípulos puros e seguidores incondicionais, mas com tentativas falidas, em permanente construção.

Marc Vilarassau – companheiro jesuíta falecido jovem demais, infelizmente – dizia que a diferença entre dar *tudo* e dar *quase tudo* é infinita. E tinha muita razão. O seguimento de Cristo não exige um salto quantitativo, mas qualitativo. Judas, apesar de sua má fama, só se distingue quantitativamente do resto por deixar ainda menos talvez, mas não porque os outros onze foram capazes de deixar tudo.

O exemplo de Pedro é paradigmático para ilustrar esse processo. Apesar de ser o primeiro a escutar o chamado, Pedro mostra em várias ocasiões sua resistência em aceitar o messianismo sofredor anunciado por Jesus, chegando a negá-lo publicamente três vezes. Contudo, paradoxalmente, é também, e apesar de ter recaído tanto, nomeado líder da primeira comunidade ("a pedra sobre a qual edificarei minha Igreja") e morrerá dando testemunho em Roma da fé cristã. Pedro passa do desejo de seguir Jesus dando *quase tudo,* até finalmente dar *tudo.*

Sabemos muito bem (nesse ponto os quatro evangelhos coincidem) que nenhum dos discípulos deixou *tudo* antes da morte de Jesus. Apesar disso, Jesus os chamou e continuou chamando depois de cada caída, cada rejeição, cada traição. Ele fez isso com Pedro, com Tiago e com João. Fez até no último momento, antes de expirar na cruz, com o bom ladrão. E continua fazendo conosco. Jesus sempre estende a mão e oferece outra oportunidade.

Uma das principais resistências que costumamos enfrentar, e aqueles que se interessam pela fé cristã também, é a questão difícil da própria debilidade, insegurança e inconstância: "Serei capaz de ser fiel a esse estilo vida? Poderei imitar Jesus, aconteça o que acontecer? Serei digno de ser chamado cristão?", perguntamo-nos, conscientes de nossa fragilidade.

A resposta é simples: não. Não somos capazes. Ainda mais, nunca seremos. Somos pecadores perdoados, chamados a ficar de pé e iniciar o caminho de seguimento repetidamente – como Pedro, como o bom ladrão e como todos os discípulos antes de nós.

Mas isso não significa que temos que reiniciar do zero após cada caída ou renúncia. Diferente de Sísifo – aquele personagem deprimente da mitologia grega cuja vida consistia em arrastar uma pedra pesada para cima, para depois, irremediavelmente, ter que voltar e começar do zero diante da impossibilidade de conseguir mantê-la no topo –, os cristãos não voltam ao ponto de saída cada vez que tropeçam.

Na vida cristã, frequentemente, avançamos retrocedendo, sim, como todos os fiéis que nos precederam, mas nunca somos os mesmos em cada novo início. Ou, pelo menos, não somos se prestarmos atenção à experiência acumulada pela Igreja. Contamos com o testemunho de cristãos inumeráveis, com a sabedoria das Escrituras, com o poder vivificador dos sacramentos, com o apoio da comunidade cristã e com nossa própria experiência para aprender e continuar avançando.

Talvez Lucas, apesar de tudo, tivesse razão. Escutando atentamente o chamado de seguimento de Jesus seremos capazes, como os discípulos, de ir deixando *quase tudo* até que, finalmente, um dia deixemos *tudo*.

13
O dom e o perdão

Há três tipos de pessoas neste mundo: as que vivem ressentidas, as que vivem indiferentes e as que vivem com gratidão. Em qual nos convertemos depende, em boa parte, das escolhas que fazemos. A última opção é, sem dúvida, a mais inteligente e também a mais próxima da mensagem do Evangelho. Viver com gratidão tem, além disso, muitas vantagens: ajuda a enfrentar os problemas, faz com que se viva despojado e permite encontrar Deus com mais facilidade. Se tivéssemos que resumir em duas palavras a mensagem do Evangelho, uma boa opção seria: "Viva com gratidão".

Veja a história que escutei durante a primeira crise de Darfur para ilustrar essa convicção:

> Há alguns anos, em um campo de refugiados provenientes de Darfur, chegou uma mulher exausta com um bebê nos braços, depois de passar várias semanas fugindo dos militares que tinham acabado com seu povoado. O marido, o resto dos filhos e todos os outros membros da família tinham sido assassinados. A mulher, apesar da experiência traumática vivida, após cruzar a fronteira, a primeira coisa que fez foi dar graças a Deus por sua vida ter sido salva e a de seu filho também. Aquela mulher podia ter reagido a partir do ressentimento (ou da indiferença). Razões não faltavam. Contudo, contra toda previsão, encontrou forças para dar graças. Optou, apesar de tudo, viver com gratidão.

A história dessa mulher é um exemplo radical de agradecimento, uma história extrema que a maioria de nós (graças a Deus) não viverá, uma história que provoca a pergunta pela esperança, por nossa capacidade de viver com esperança em meio às dificuldades.

O Evangelho sempre nos convida a refletir sobre histórias que tratam, assim como a dessa mulher, da gratidão. Esse é o sentido profundo do Evangelho e o centro da mensagem do Reino que Jesus se esforçava em comunicar, com palavras e obras. Na teologia, essa experiência nuclear da fé é conhecida como "a experiência da graça".

Dois caminhos conduzem à gratidão – a experiência da graça: a experiência do dom e a experiência do perdão. A dupla experiência, a do perdão e a do dom, atravessa as Escrituras, desde Adão e Eva até a primeira comunidade cristã. O relato bíblico que melhor expressa essa realidade é, talvez, a famosa Parábola do Filho Pródigo, a história do Evangelho de Lucas na qual o irmão mais velho é presenteado constantemente e o filho menor perdoado radicalmente.

Nossa relação com Deus não é muito diferente daqueles dois irmãos, porque também gravita entre duas forças, dois polos de atração que nos colocam em nosso lugar de criaturas: o dom e o perdão. Essas duas são as experiências básicas da vida do fiel. Ambas nos fazem experimentar a graça de Deus, sua presença gratuita, sanadora e generosa.

Porque reconhecer que somos desajeitados – que causamos danos e precisamos ser perdoados – e que tudo o que temos nos foi dado, é o ponto de partida e de chegada da busca por Deus. "Não o peço nem o mereço; me presenteias e me perdoas", seria outra forma excelente de expressar a fé cristã.

O problema com essa dupla experiência é que, muitas pessoas, aquelas "presenteadas", custam a crer no poder do perdão e na força transformadora do arrependimento como formas de experimentar a graça de Deus. Talvez a (super)abundância de presentes entupa o coração e os sentidos, gere miopia e faça com que a pessoa se acostume e vá subindo o parâmetro para a gratidão, como ocorre com as crianças que, tendo tantas coisas, acabam não valorizando nada. A superabundância de dons, paradoxalmente, pode provocar a reação contrária: indiferença ou ressentimento, em vez de agradecimento.

Essa reação míope é a que o fariseu teve diante da mulher pecadora e perdoada; é também a reação do irmão mais velho do filho pródigo ao ver seu irmão perdoado pelo pai; e é sem dúvida a reação dos primeiros trabalhadores da vinha ao verem que os da última tiveram pagamento igual ao deles. Essa foi, certamente, a reação do devedor de cinquenta denários ao comparar com o que devia quinhentos. Mas essa é, sobretudo, a mentira que Jesus tenta denunciar, várias vezes, em suas conversas e parábolas: a miopia que nos impede de descobrir a graça.

A experiência do perdão pode parecer mais radical, mais forte e mais surpreendente do que a do presente. E de certo modo é lógica. A reconciliação que traz o perdão nos faz cair em nós mesmos e ter consciência do dano realizado, de nossos limites, das feridas sofridas e das feridas causadas. Por isso, o perdão acaba sendo mais desconcertante do que o dom. O perdão exige um salto, um "excesso de confiança" que o dom dá como pressuposto, apesar de que ambos – perdão e dom – são duas faces da mesma moeda: a única graça de Deus, inesperada e transbordante.

Voltamos várias vezes a essas duas experiências básicas da fé, desde a primeira infância até o leito da morte. Quando os pais corrigem seus filhos após darem um presente, ou observarem um comportamento ruim, perguntam: "O que tem a dizer?" "Obrigado", respondem os filhos. "O que tem a pedir?" "Perdão", respondem os relutantes. Essas duas respostas são hábitos que os pais querem ensinar a seus filhos, mas também são as atitudes religiosas mais básicas que temos de cultivar ao longo da vida.

A linguagem pode parecer infantil, mas quando prestamos atenção descobrimos que ambas atitudes são imprescindíveis. Talvez, no fim das contas, nossa relação com Deus não seja tão diferente daquela de uma criança pequena com seus pais. Diante de Deus, sempre devemos ser como crianças, dispostas a começar do zero, agradecendo e pedindo perdão.

14
Construir sobre areia

Em certa ocasião perguntei a um arquiteto se era possível construir sobre areia. "Claro que é possível", ele me respondeu. "De fato, nem sempre é possível construir sobre um solo compacto e estável." E agregou: "Sobre a areia é mais difícil, e mais caro, mas não impossível".

Quando fiz essa pergunta, eu pensava na famosa parábola do Evangelho, aquela na qual Jesus recomenda construir sobre a rocha para evitar que, quando chegarem as chuvas, a casa seja levada. É evidente que a metáfora – tirada do mundo da construção – lhe serviu para estabelecer uma comparação simples entre a experiência cotidiana das pessoas de sua época e a importância de refletir sobre aquilo que é mais importante na vida.

Diante dos desafios inevitáveis da existência, é melhor não colocar os fundamentos sobre algo ou alguém que possa nos afundar ou nos levar à queda.

Contudo, é mais fácil dizer do que viver isso. A vida nos dá golpes inesperados que nos deslocam ou derrubam completamente, por mais preparados ou fortes que achamos que somos: a doença, a morte de um ente querido, as dificuldades econômicas ou o fracasso de uma relação faz com que todos nós, mais cedo ou mais tarde, tenhamos de enfrentar nossas fragilidades. Por essa razão, talvez, a resposta do arquiteto continuou na minha cabeça durante um tempo, principalmente a afirmação – fruto de sua longa experiência construindo edifícios – de que "nem sempre é possível construir sobre um solo compacto e estável".

Um dos sociólogos mais conhecidos de nosso tempo, recentemente falecido, Zygmunt Bauman, popularizou uma expressão que expressa bem a transitoriedade da experiência humana, colocando em relevo a dificuldade que temos para construir nossa vida sobre a rocha firme.

Diante da solidez (aparente) de nossas épocas, vivemos em um *tempo líquido,* habitado por *pessoas líquidas*, com convicções frágeis. Quase ninguém trabalha a vida inteira em uma mesma empresa, nem permanece no mesmo lugar em que nasceu, nem vive em um mundo homogêneo em nível religioso, político ou cultural. O pluralismo, a globalização e a mudança permanente são as características que definem nosso tempo.

Por isso, não podemos mais falar de rochas firmes, de raízes profundas ou de opções de vida estáveis. Preferimos referir a modas passageiras, compromissos temporais e amores que duram enquanto não existem dificuldades. É como se não conseguíssemos encontrar um fundamento sólido e definitivo para nossos ideais, relações e crenças. Construímos nossa vida sobre a areia.

Por isso Bauman, diante da metáfora da árvore que, estabelecendo raízes profundas no solo é capaz de encontrar ancoragem sólida para resistir às tormentas, propõe outra metáfora mais de acordo com a realidade de nosso tempo: a âncora que, em meio às tempestades inevitáveis, oferece pelo menos uma estabilidade provisória diante das forças das correntes, permitindo chegar ao porto seguinte sem sermos arrastados pelo mar aberto.

Os filmes de Woody Allen – cineasta pós-moderno por antonomásia – refletem bem o caráter volúvel, inseguro e variável do homem e da mulher contemporâneos a que Bauman se refere. Diante de uma dificuldade inesperada, diante de um novo desejo ou azar, tudo pode mudar de forma repentina. Os protagonistas de seus filmes comprovam e vivem isso várias vezes: nada permanece, nada é estável e nada é muito certo, nunca.

Mas um fiel não pode se resignar e aceitar essa visão do mundo; por isso, insiste que Deus foi, continua sendo e será a tábua da salvação e o fundamento sólido no qual vale a pena permanecer. Mesmo se andarmos sobre areias movediças ou formos arrastados por correntes poderosas, Deus permanece e nos acompanha de um modo nem sempre fácil de perceber.

Voltando à conversa com que iniciamos esta reflexão e à passagem do Evangelho que a motivou: o que Jesus teria dito a respeito da observação do arquiteto? Teria reconhecido a possibilidade – e inevitabilidade – de construir sobre a areia? Teria aceitado que frequentemente não há outra opção – como afirmava Bauman com ênfase – senão viver em *tempos líquidos,* com pouquíssimas certezas, expostos à imprevisibilidade da condição humana?

Com certeza o carpinteiro de Nazaré tinha consciência da fragilidade do ser humano. Oportunidades para comprovar isso não faltaram, do princípio ao fim de sua vida. Desde a crise da Galileia, na qual foi abandonado por muitos de seus seguidores, até o juízo popular e político em Jerusalém, no qual foi condenado injusta e falsamente, comprovou a dificuldade de sua missão e a aparente inutilidade de seus esforços. No Horto das Oliveiras expressou, confundido, seu desconcerto, chegando até a pedir ao Pai: "afaste de mim este cálice".

Os fiéis que viveram situações extremas – de perseguição, guerra, martírio ou degradação profunda da convivência – costumam denunciar uma visão forçada e falsa da fé, que prostitui seu sentido mais profundo, para nos recordar a radicalidade que supõe manter-se fiel às próprias convicções em meio à tempestade. Eles nos mostram que, nas águas turbulentas da violência e nas areias movediças da doença e da dúvida, só podemos nos agarrar a Deus vivo e pessoal revelado em Jesus. Em sua aparente ausência, o Espírito de Deus continua presente em nosso interior: consolando, acompanhando, dando forças.

Jesus, além de nos convidar a construir sobre a rocha firme, resistir às tentações e servir ao único Deus verdadeiro, nos consola, oferecendo também uma âncora: "Céu e terra passarão, mas minha palavra não passará", nos lembra.

Quando se perde o sentido, quando as convicções falham, quando tudo se desestabiliza, quando não há outra opção senão continuar caminhando na incerteza, sempre permanece a palavra de Deus. Construir sobre a areia não é fácil nem ideal, mas em muitos momentos da vida é a única alternativa que resta. Nessas ocasiões, lembremos das palavras de Jesus e as abracemos, para que nos sustentem e nos mantenham firmes na fé.

15
De Belém a Jerusalém há um caminho

Esquecemos com muita facilidade que o nascimento de Jesus foi precedido pela rejeição e seguido pela morte e a perseguição. O parto miserável em um estábulo, o assassinato sistemático de meninos inocentes e a fuga apressada ao Egito não são uma mera decoração natalina; são a recordação imprescindível da realidade crua com que o Filho de Deus se deparou, já desde o princípio, ao chegar no nosso mundo. Um mundo ferido e rompido pelo pecado, inveja e violência.

Mesmo quando tentamos enfeitar a história do Natal – e focar só na beleza do Menino recém-nascido, na confiança de José e Maria, na generosidade surpreendente dos magos e na acolhida calorosa dos pastores – a liturgia sabiamente coloca essas outras histórias amargas como contraponto do nascimento de Jesus.

Não faz isso para estragar a festa, não; faz para ser fiel à experiência da fé cristã e para poder descobrir o sentido da ressurreição e da vida que insurgem – desde o princípio – em meio à morte. Natal e Páscoa, morte e vida, sofrimento e ressurreição, crescem juntos – como o trigo e o joio da parábola –, do princípio ao fim.

Também foi assim ao longo da vida de Jesus: a traição, a mediocridade e a violência que rodeavam o grande relato do Natal são aquilo que conduz à morte injusta no Gólgota durante a Páscoa, mas também o que provoca o abandono de boa parte dos seguidores de Jesus e o que gera os conflitos constantes com as autoridades religiosas. Um canto popular de Advento em espanhol diz que "de Nazaré a Belém há um caminho", mas não podemos esquecer que de Belém a Jerusalém também há um caminho, um único caminho: o que Jesus percorre durante sua vida.

Porque os dois grandes relatos do cristianismo – o nascimento de Jesus e a ressurreição de Cristo, não podem ser entendidos sem a experiência de morte e cruz que os rodeia. Experiências pelas quais é inevitável passar, mas que, como já sabemos, não têm a última palavra.

Morte e ressurreição são dois fios condutores que percorrem a vida cristã. Na Páscoa, nossa tendência é focar na paixão, e esquecemos de saborear a alegria transbordante da ressurreição; no Natal é o contrário: colocamos de lado o extermínio dos Santos Inocentes e a fuga do Egito a ponto de ignorar a importância desses relatos para entender o mistério do Natal. Mas precisamos de ambas histórias para captar a mensagem das Escrituras. Mesmo se analisamos a Bíblia todo dia, selecionamos uma passagem e celebramos uma festa, não podemos perder de vista o relato como um todo.

O Deus cristão não vem ao mundo escapando da solidão e da dureza da encarnação (nasce em um estábulo), esquivando-se da provação (enfrenta as tentações do deserto), nem passando pelo mundo de modo mágico e superficial (assume a cruz). O Deus cristão não é um deus disfarçado de homem, com poderes de outro mundo. Deus se encarna, entra na história, na experiência de fragilidade, de pecado e de morte que atravessa nossa vida. Por isso, Jesus é perseguido, invejado, traído e, por último, assassinado. E depois, apenas depois, ressuscita e dá vida.

Não é casual, portanto, que durante sua vida utilizava de forma recorrente a imagem da semente para interpretar o sentido de sua missão e o núcleo de sua mensagem: "Em verdade vos digo, se o grão de trigo que cai na terra não morrer, permanecerá só; mas, se morrer, produzirá muito fruto. Quem ama sua vida irá perdê-la, e quem odeia sua vida neste mundo irá guardá-la para a vida eterna". Em outro lugar – e com uma intenção similar – convida a vencer nossa resistência natural em crer no poder do pequeno e do oculto: "O Reino dos Céus é semelhante a um grão de mostarda que alguém semeia no campo; embora seja a menor de todas as sementes, quando cresce é a maior das hortaliças, torna-se árvore, a tal ponto que as aves do céu se abrigam nos seus ramos". Essas duas parábolas antecipam a experiência da ressurreição em meio ao ocultamento e à morte.

E ambas expressam, também, como o relato do Natal e da Páscoa, o paradoxo do cristianismo: do pequeno, do morto e do marginal surge algo grande, surge a vida, surge o Reino. Esta é a mensagem central que a fé cristã transmite e à qual voltamos a cada ano de diversas maneiras.

Durante o resto do ano convém, portanto, não deixar para trás o Natal nem adiantar a Páscoa. Convém não se deixar arrastar pela realidade deprimente do pecado nem pela ingenuidade de pensar que nada do sofrimento do mundo tem a ver comigo. Convém lembrar que o Natal e a Páscoa formam parte da mesma história, de nossa história, da única história do cristianismo; uma história na qual o trigo e o joio crescem juntos.

De Belém a Jerusalém há um caminho, um só caminho, que percorremos a cada ano.

16
Sentir, saborear e viver a Semana Santa

Todos os dias a Igreja nos convida a parar e escutar. Mas todo ano, em alguns dias, nos convida a fazê-lo com uma atenção especial. O Domingo de Ramos é um desses dias. Isso porque o Domingo de Ramos oferece um panorama magnífico de onde podemos olhar para trás, para a Quaresma, e olhar para frente, para a Semana Santa, e viver com sentido a celebração mais importante de nossa fé.

São poucos os dias a cada ano – a Missa do Galo, a Vigília Pascal e o Domingo de Ramos – que escutamos a história da salvação cristã de uma só vez. Escutamos não só para sermos introduzidos nela, mas, sobretudo, para que ela se converta em parte de nossa própria história.

Escutar a história: ir à varanda da Semana Santa

Normalmente só ouvimos fragmentos soltos dos Evangelhos e outros livros da Bíblia. Poucos leem um Evangelho inteiro (coisa que, realmente, dá para fazer em uma tarde) e, menos ainda, aqueles que dedicam tempo para comparar e meditar as leituras bíblicas. A liturgia do Domingo de Ramos, contudo, é uma exceção em relação ao resto do ano; apesar de não lermos o Evangelho inteiro, lemos o relato da paixão, o ocorrido em Jerusalém na última ceia e a morte de Jesus na cruz.

Essa leitura panorâmica, uma varanda da Semana Santa, pretende nos dar o horizonte do que viveremos mais adiante na Páscoa da Ressurreição. O Domingo de Ramos adianta, como João Batista o faz no início da vida apostólica de Jesus, o que há de vir.

O primeiro convite da liturgia, portanto, consiste em fazermos algo tão simples como escutar; converter-nos em ouvintes atentos da Palavra e nos direcionarmos – com todos os sentidos – à Semana Santa.

Entrar na história: sentir, saborear e viver momentos-chave da fé

Mas não basta escutar passivamente a mesma história, mais uma vez. Nos dias da Páscoa convém, além disso (e este é o segundo convite), dispor-se ativamente a entrar na história, "infiltrar-se" entre os protagonistas da paixão e tentar sentir, saborear e viver – como se estivesse presente – o que eles viveram.

E aqui as procissões e devoções populares nos oferecem uma grande oportunidade para reviver o que outros viveram antes. Santo Inácio de Loyola, em seus *Exercícios Espirituais*, falava da importância de "aplicar os sentidos". Essa expressão, um pouco estranha para os nossos ouvidos, significa, no fundo, nada mais do que dedicar um tempo – usando os sentidos e a imaginação – para nos transportarmos ao tempo e ao lugar da cena que contemplamos.

Uma semana por ano, em muitas cidades e povoados, as confrarias percorrem as ruas tentando – para dizer de outra forma – "aplicar os sentidos" (e os sentimentos) a uma cena particular da paixão.

Existem confrarias que contemplam a *Entrada de Jesus em Jerusalém;* outras focam na *Instituição da Sagrada Eucaristia;* existe também as que meditam sobre a *Prisão do Senhor e a Dor da Mãe de Deus*; outras preferem parar para contemplar a *Coroação de espinhos* ou o *Senhor amarrado na coluna*; existem confrarias que acompanham *Jesus no caminho do Calvário;* outras, também sobre o caminho do Calvário, focam no *Cristo abraçando a cruz e Verônica*; existem as que meditam sobre a *Chegada de Jesus ao Calvário*; outras preferem avançar para além da morte, para orar sobre a cena do *Rebaixamento da cruz* e *As lágrimas de Nossa Senhora.* Existem também, por último, confrarias que adiantam já o final e anunciam *Cristo ressuscitado* e *Santa Maria da Esperança e da Consolação.*

A lista é longa, e estou deixando muitas sem nomear, mas por acaso todas não nos convidam a meditar sobre cenas da Paixão para, assim, sentir, saborear e reviver momentos-chave da vida de Cristo?

Apropriar-se da história: formar parte dela

O convite que as devoções populares nos oferecem para entrar na história da paixão é, sem dúvida, uma grande oportunidade para reviver nossa fé. Talvez por isso o Papa Francisco recentemente nos exortou a valorizar esse tipo de manifestações religiosas: "A piedade popular", nos disse, "é verdadeira expressão da atividade missionária espontânea do povo de Deus [...], onde o Espírito Santo é o agente principal". E nos sugeriu uma pista: "Para entender essa realidade faz falta nos aproximarmos dela com o olhar do Bom Pastor, que não busca julgar, mas amar".

Contemplemos, então, as cenas da paixão aplicando todos os sentidos, mas também amando, nos deixando ser afetados pela realidade que contemplamos.

Sabemos bem que as devoções populares, por si mesmas, apesar de ajudarem, não bastam. Se somente entramos na história para logo sairmos sem que isso cause efeitos, então a aventura deixou a desejar. A história também deve entrar em nós.

O confrade, como o peregrino, é convidado a fazer isso sempre e em todo lugar, não só na Semana Santa. Apesar de nesses dias a vivência ser mais intensa, é a vida inteira que deve ser afetada pela experiência da Páscoa.

Por isso, a importância de contemplar *com amor*, como Francisco diz. Porque o terceiro e último convite do Domingo de Ramos consiste precisamente em se apropriar da história da Páscoa, e isso só se faz amando. Se "aplicamos os sentidos", se revivemos e contemplamos as cenas da paixão, se andamos pelas ruas é para que essa história – a grande história do amor – seja, também, parte de nossa história. E nós, parte dela.

17
A gratidão nos salva

As crianças e os idosos são religiosos por natureza. A razão principal de sua sintonia espiritual é muito simples: uns estão próximos do início da vida e outros de seu fim. Ambos experimentam o mistério do nascimento e da morte que envolve todo ser humano. E ambos, portanto, sentem em sua própria carne o que significa a fragilidade e a vulnerabilidade.

Talvez essa seja a razão pela qual os que estão no meio – adolescentes, jovens e adultos mais ou menos sadios – tendam a esquecer o fato mais básico de nossa existência, ou seja, nosso caráter frágil e passageiro. Assim, flutuamos entre períodos de crença maior e menor. De vez em quando, contudo, um nascimento, um funeral, um fracasso no trabalho ou uma doença repentina nos tiram de nossos sonhos de imortalidade e onipotência. Abrem nossos olhos e nos recolocam no local adequado, em nosso justo lugar de criaturas.

O problema é que esquecemos com muita facilidade e voltamos ao ponto de saída, à ingênua ilusão de segurança, saúde e estabilidade. Com muita frequência vemos a vida como dada, quando na verdade é um dom surpreendente que se renova a cada dia. Os mais velhos, que olham para a morte de frente, e as crianças, que veem cada novo dia como um tesouro a ser desvelado, sabem bem disso.

Qual é, então, a chave para poder olhar a vida com realismo e ilusão, com os olhos do idoso e da criança? A chave não é outra senão a gratidão. Viver dando graças nos torna mais contemplativos, permite-nos reconhecer o dom da vida nas experiências pequenas e cotidianas. É por isso que a gratidão se converte no exercício espiritual mais básico, o que nos tira de nossa amnésia temporária e nos situa, lúcidos e serenos, diante do dom da própria existência.

Há um provérbio que diz: "É de bem-nascido ser bem agradecido". Talvez por isso os pais, conscientes de sua importância, corrigem seus filhos pequenos até que aprendam a agradecer. Os americanos entenderam muito rápido a importância da gratidão também como virtude cívica e como cimento da sociedade, institucionalizando-a na festa popular – de caráter civil, mas com profundas ressonâncias religiosas – do *Thanksgiving* (Dia de Ação de Graças).

Para um fiel, contudo, a importância da gratidão vai muito além da boa educação, da convivência necessária e da identidade nacional. Toca em um elemento central da vida espiritual.

Em grego, *eucharistia* significa "ação de graças". A liturgia, por isso, lembra-nos: "na verdade, é *justo* e *necessário*, é nosso *dever* e *salvação* dar-vos graças, sempre e em todo lugar, Senhor". Reconhecer o recebido, para o cristão, não é só uma necessidade, uma questão de justiça e um dever. É, ainda mais importante, um caminho autêntico de salvação. Isso atravessa a Bíblia e chega a nós pela vida de Jesus, que só pode ser entendida como entrega agradecida à vontade do Pai.

Os salmos, rezados durante milênios pelo povo hebreu, constituem uma das melhores experiências do povo de Deus, e, sem dúvida, Jesus recorreu a eles em várias ocasiões. O Rei Davi, a quem se atribui a autoria do saltério, exclama: "Quero te dar graças, Senhor, de todo o coração, proclamar todas as tuas maravilhas" (Sl 9,2); ele demonstra o modo de agradecer: "Quero louvar com um cântico o nome de Deus e exaltá-lo com ações de graças" (Sl 69,31); e expõe as razões pelas quais convida o povo a imitá-lo: "Entrai por suas portas com hinos de graças, pelos seus átrios com cantos de louvor, louvai-o, bendizei seu nome; pois o Senhor é bom, eterno é seu amor, e sua fidelidade se estende a todas as gerações" (Sl 100,4-5).

Quando os primeiros cristãos decidiram colocar por escrito sua experiência do encontro com Jesus, eles o fizeram sobre essa longa tradição bíblica e expressaram, à luz da ressurreição, a necessidade de reconhecer os dons recebidos: "sempre e por todas as coisas, no nome de Nosso Senhor Jesus Cristo, rendei graças a Deus, que é Pai" (Ef 5,20). A experiência pascal, para Paulo, nos faz viver "enraizados nele, edificados sobre Ele, firmes na fé tal qual vos foi ensinada, transbordando em ação de graças" (Cl 2,7). O último livro da Bíblia, o Apocalipse, também se apropria desse tema relacionando-o com a chegada do Reino: "Nós te damos graças, Senhor Deus, Todo-poderoso, aquele 'Que É e Que Era', porque assumiste o teu grande poder e começaste a reinar" (Ap 11,17).

Nossa cultura contemporânea, marcada pelos valores do êxito, do esforço e – a nova palavra da moda – do "empreendedorismo", parece ter eclipsado a centralidade da gratidão como valor e como atitude diante da vida. "Não tem por que olhar para trás e agradecer tanto", parece que alguns nos dizem; "É preciso olhar para frente, trabalhar duro, empreender e abrir caminhos na vida pelos próprios méritos". Aquele que fracassa é porque não se esforçou o suficiente ou porque não foi criativo.

Esse novo contexto cultural coloca um grande desafio espiritual para o fiel, mas também uma dificuldade para toda pessoa – fiel ou não – que queira ter lucidez e ser coerente com sua própria história. Sem dúvida, os valores do esforço, do êxito e do empreendedorismo possuem elementos valiosos e positivos para a economia e para a sociedade, mas não podemos nos esquecer de que nada disso teria sido possível sem o apoio, muitas vezes anônimo e silencioso, que toda pessoa recebe ao longo de sua vida de familiares, amigos e – em um sentido mais amplo – de Deus e do próximo.

Se as experiências de fracasso, fragilidade e vulnerabilidade nos lembram quem somos e quais são os nossos limites, o hábito da gratidão nos ajuda a viver com lucidez e reconhecer tudo o que recebemos. Sem a gratidão, não só nos esquecemos de Deus, mas também de nós mesmos; chegamos, inclusive, a crer que somos algo que não somos. É por isso que talvez seja a gratidão que, em última instância, nos salva.

QUARTA PARTE
COMUNIDADE

18
"O Senhor é meu Pastor", sim; mas não sou apenas mais uma ovelha

A palavra "domesticar" pode parecer inadequada para expressar nossa relação com Deus. Contudo, não podemos ignorar que é uma das metáforas preferidas da Bíblia para falar tanto da relação de Iahweh com seu povo quanto de Jesus, o Bom Pastor, com cada um de nós, as ovelhas do rebanho.

Hoje em dia poucos dizemos que Deus é "meu Pastor", apesar de ainda falarmos de pastores da Igreja quando nos referimos aos bispos, cuja missão é orientar e acompanhar os fiéis. Faz sentido continuar usando esse tipo de expressão, que já não faz parte de nossa cultura urbana e tecnológica? Não é anacrônico? Não deveríamos substituir por outra mais moderna, menos rural e mais digital?

Porque falar de pastores, de ovelhas e de domesticar soa ruim, muito ruim. Soa quase inaceitável uma linguagem de outra época que toleramos por fazer parte da tradição que recebemos. Sendo, como somos, filhos do Iluminismo, não gostamos de ser comparados com animais submetidos e dependentes. Se já faz tempo que nos emancipamos – pelo menos teoricamente – e descobrimos a liberdade individual e a autonomia pessoal como realizações irrenunciáveis da humanidade, do que adianta manter uma imagem tão antiquada para expressar nossa relação com Deus?

Uma das críticas que Nietzsche fez ao cristianismo foi precisamente a de ter gerado uma moral de débeis, seres dependentes e medrosos que acabam exaltando o mais fraco e o menos capaz, em uma espécie de "igualação por baixo".

Lembro que na Jornada Mundial da Juventude em Colônia, do ano 2005, um grupo secularista oposto à visita do papa contratou um caminhão que levava uma plataforma onde era retratada uma cena satírica de um dinossauro rosa com as vestimentas do pontífice, rodeado por um rebanho de ovelhas ingênuas. O caminhão, que arvorava um cartaz dizendo *Religion Free Zone,* dava voltas sem parar em uma rotatória pela qual passavam muitos peregrinos, tentando abrir nossos olhos diante de tanto engano (supostamente) e arrebanhamento religioso. A denúncia sarcástica e iconoclasta do grupo secularista era justificada?

Apesar de todas as críticas recebidas contra esse tipo de linguagem, vale a pena nos determos um instante para considerar sua validez antes de descartá-la completamente. A palavra "domesticar" provém do termo latino *domus*, que significa "casa". Domesticar, em uma de suas acepções, significa algo como "trazer para casa", fazer entrar para formar parte do âmbito familiar. O animal doméstico, diferente do selvagem, é aquele que entrou na vida do ser humano mediante um longo e complexo processo histórico, que ainda não conseguimos explicar totalmente. O que a investigação moderna conclui, contudo, é que a domesticação não funciona apenas em uma direção, mas é preciso entendê-la como uma relação de mutualismo e simbiose em que ambas as partes saem beneficiadas e transformadas.

O caso dos cachorros e gatos pode ser o mais próximo e o mais claro. Os lobos e os felinos dos quais provêm nossas infinitas raças de animais de companhia tiveram vantagens evolutivas ao se relacionarem com os hominídeos. Pouco a pouco foram ganhando confiança até chegarem a se associar definitivamente com nossos antepassados. Não sabemos bem quem deu o primeiro passo, mas sabemos que o processo transformou ambas as partes para sempre.

Ser domesticado por Deus, visto a partir desse ponto de vista, não significa se domesticar a uma relação inaceitável de domínio, proteção e submissão, como o grupo secularista alemão tentava denunciar. Também não supõe viver em uma regressão permanente de infantilização que impede alcançar a maioridade e acaba exaltando os medíocres, como pensava Nietzsche. Pelo contrário, ser domesticado significa aceitar livremente o convite de fazer parte da nova rede de relações. Ser domesticado pelo Deus de Jesus Cristo supõe se converter em membro da família de Deus ou, como dizia Santa Teresa, em um "amigo forte de Deus".

Antoine de Saint-Exupéry expressou o processo literariamente de forma magistral em seu livro *O pequeno príncipe*. A relação de amizade, lembra-nos o famoso diálogo entre a raposa e o jovem príncipe, é parecida com o processo lento e paciente de domesticação. A raposa – paradoxalmente, um animal não domesticável – pede ao pequeno príncipe tempo, cuidado e paciência para poder entrar em seu âmbito humano, para poder ser domesticada.

Por acaso não é algo semelhante que a Bíblia narra, com uma linguagem mais dura, sobre a relação de Iahweh com Israel, seu rebanho; esse povo "de dura cerviz" que nunca chega a confiar e a se deixar guiar? A história de Israel pode ser entendida como um longo processo de aproximação entre o povo rebelde e arisco e um Deus que pede confiança e estende a mão repetidamente. A relação de cada um de nós com o Deus de Jesus Cristo não difere tanto da experiência histórica de Israel. A diferença principal, talvez, consiste em que o convite para nós é mais pessoal.

Quando Jesus diz no Evangelho de João "Eu sou o Bom Pastor, conheço minhas ovelhas e elas me conhecem", está nos lembrando o tipo de vínculo pessoal que Ele quer estabelecer com cada um de nós. Um vínculo de conhecimento e amor mútuo. E o importante aqui é que eu não sou "mais um" em uma massa homogênea de fiéis arrebanhados e anônimos. A grande diferença do cristianismo em relação a outros movimentos religiosos é que o Senhor "me conhece e me chama pelo nome", e dá a sua vida "por mim".

Dito de outra forma, o Senhor é meu Pastor, sim; mas eu não sou apenas mais uma ovelha. Ele já não me chama de servo, mas de amigo. Ele me chama e me quer como amigo. Se me perco, Ele deixa tudo (os 99% do rebanho) e vem me buscar. Os cristãos poderiam muito bem falar o contrário do famoso *slogan* que popularizou o movimento *Occupy* há alguns anos e afirmar, em um sentido diferente: "Eu sou o 1%".

Definitivamente, se nosso desejo é ser "amigos fortes de Deus", então, só então, vale a pena ser domesticado por Ele.

19
Um fogo que acende outros fogos

Os católicos não falam muito do Espírito Santo. Parece ser um tema um pouco incômodo, raro e exotérico. Talvez por isso costumamos rezar para Deus Pai, Jesus, Maria e outros santos, mas raramente para o Espírito Santo. Acontece a mesma coisa com os padres. Não costumam pregar sobre a terceira pessoa da Santíssima Trindade, e, apesar de começarem a missa invocando o Espírito, terminarem dando a bênção em seu nome e insistirem na importância da "vida espiritual", raramente fazem do Espírito Santo o centro de sua pregação.

Contudo, e esse é o paradoxo, só temos acesso ao Espírito e, por meio dele, a todo o resto. Já nos advertia João para nos prevenir de futuros desenganos: "Ninguém jamais viu a Deus Pai". Também não podemos esperar vê-lo. O único que podemos experimentar de forma direta é o Espírito. "Não está longe de cada um de nós; pois nele vivemos, nos movemos e existimos".

A Festa de Pentecostes é o dia do ano litúrgico no qual se ressalta a importância do Espírito Santo, o dia em que recordamos seu envio e sua presença permanente entre nós. Talvez seja esse o dia que lança luz sobre o tesouro mais bem guardado de nossa tradição, e assim podemos perguntar: O que Ele faz entre nós?

O Espírito abre os olhos

Uma breve história pode ajudar a entender o que é a primeira coisa que o Espírito faz em nossa vida. Há alguns anos, uma mulher chamada Sheila Harkin, cega de nascença, recuperou a vista graças a uma nova técnica médica. Depois de uma longa operação, pôde ver o mundo pela primeira vez. Em uma entrevista que realizou pouco depois, contou sua experiência:

> Nunca pensei que o mundo fosse tão belo. Agora passo pelas pessoas e lhes digo: "Viu como foi bonito o pôr do sol hoje?" Sempre me dizem que não prestaram atenção. Elas têm isso como dado, imagino. Adoro a cor das flores, das árvores, da grama... Tudo é tão diferente do que eu imaginava. Não quero ganhar na loteria. Só quero ver.

Sheila tinha razão; vivemos em um mundo belo e poucas vezes paramos para contemplá-lo. Santo Agostinho expressou uma experiência parecida, pouco depois de sua conversão, em uma das frases mais conhecidas das *Confissões*: "Tarde te amei, ó beleza tão antiga e tão nova! Tarde demais eu te amei! Eis que habitavas dentro de mim e eu te procurava do lado de fora! [...] Estavas comigo, mas eu não estava contigo".

Converter-se consiste em abrir os olhos a essa presença cotidiana e normalmente invisível. Na verdade, os sinais escondidos somente poderão ser descobertos abrindo os olhos, como a Sheila, ou após uma conversão, como Agostinho. O agradecimento e a surpresa pelas coisas simples e cotidianas estão no centro da experiência de Pentecostes. Quem espera encontrar o Espírito só em situações extraordinárias provavelmente nunca o encontre. Exercitar o olhar, examinando e dando graças por todo o bem que recebemos diariamente, é uma das melhores maneiras de descobrir sua presença.

O Espírito ilumina

Mas as experiências de Sheila e Agostinho deixam a desejar quando tentamos entender como o Espírito Santo age em nossa vida. Deixam a desejar porque o Espírito não é solitário, nem principalmente uma experiência estética e pessoal. O Espírito também é uma experiência de grupo, vivida e alimentada em comunidade. Por isso, os relatos bíblicos que nos falam do Espírito quase sempre têm como protagonista um grupo de fiéis.

No Dia de Pentecostes os discípulos experimentaram a alegria, a paz e a unidade em meio a uma situação dominada pelo medo, pela cegueira (era noite) e pelo fechamento (as portas estavam fechadas). É nessa situação angustiada, de obscuridade e isolamento, que irrompe o Espírito de Jesus para trazer paz, abrir as portas e iluminar a noite.

A primeira cena de Pentecostes – um grupo de pessoas fechadas na escuridão e em silêncio – sempre me lembra esses grandes *shows* nos quais o cantor, no final de sua apresentação, quase na escuridão, toca a música que os fãs esperavam desde o começo. Nesse momento, gerando um forte sentimento de comunhão e fraternidade, aqueles que assistem deixam iluminada a tela de seus celulares e começam a cantar em uníssono, abraçados e iluminados por centenas de pequenas luzes. As línguas de fogo que pousam sobre os fiéis simbolizam a capacidade de vibrar juntos, de se apoiarem mutuamente e iluminarem uns aos outros.

Esta é a segunda intuição cristã sobre o Espírito Santo: podemos iluminar uns aos outros; podemos ser reflexo da presença do Espírito em nossa volta; podemos nos converter em imagem luminosa de Deus, em fogo que acende outros fogos.

O Espírito da consistência

Mas a presença do Espírito não é somente uma experiência estética e vivência que gera união em um grupo. Essa experiência e essa vivência, se são frutos do Espírito, são mantidas ao longo do tempo. Esta é a terceira chave: o Espírito gera compreensão, entendimento e comunhão na comunidade; mas sobretudo a sustenta e a mantém coesa. O Espírito transforma a comunidade em Igreja.

A palavra religião (*religio*), em uma de suas várias acepções, significa religar, unir, manter coeso. Essa maneira de entender a religião nos indica que a experiência do Espírito não pode ser temporária, fluida e passageira; pelo contrário, religa, dá solidez e consistência. Como o cimento – misturado com areia e água, após certo tempo de secagem – forma uma estrutura sólida e resistente, a presença do Espírito – alimentada na contemplação, nos sacramentos e nas obras de caridade – também nos torna fiéis mais sólidos diante da fluidez da vida.

O Espírito, para os cristãos, é o cimento da fé, aquele que mantém a comunidade unida. A Igreja é fruto do Espírito e continua viva graças a Ele. Quando não sabemos quem pode nos acudir, Ele é apoio que sustenta; quando parece que não conseguimos mais, Ele é força que sai de nossa fraqueza; quando parece que estamos sós, Ele é presença que acompanha.

O Espírito abre os olhos. O Espírito gera comunidade. O Espírito consolida a fé. "Não está longe de cada um de nós; pois nele vivemos, nos movemos e existimos".

20
A "viralidade" da mensagem cristã

As redes sociais popularizaram um novo termo que vem do inglês: *viralidade*. Está relacionado à palavra "vírus" e, apesar de ainda não fazer parte dos dicionários oficiais da língua portuguesa, poderíamos defini-lo como "a capacidade que algo tem para ser reproduzido, multiplicado e expandido como um vírus". No mundo da comunicação digital, refere-se à difusão acelerada de um conteúdo entre os internautas.

Esse neologismo nos ajuda a entender por que a fé em Jesus se estendeu de forma tão rápida, chegando até nós. Sabemos que, após seu fracasso estrondoso e sua morte humilhante, Jesus foi reconhecido como alguém digno de fé. Os primeiros cristãos, apesar da dificuldade em pregar sobre um Deus crucificado e um Messias pobre, conseguiram transmitir sua mensagem com grande êxito, tornando-o *viral*. De fato, a primeira comunidade cristã se propagou com grande velocidade ao redor do Mediterrâneo, chegando a ser convertida na religião oficial do Império Romano. Como foi possível? Como prosperou uma religião, aparentemente absurda, que pregava um Deus feito homem, crucificado e ressuscitado? Como triunfou um projeto condenado ao fracasso de antemão?

Uma maneira possível de responder a essas perguntas é nos aproximando dos "relatos eucarísticos". Essas narrações, especialmente a multiplicação dos pães e dos peixes, permitem iluminar as chaves do êxito do cristianismo, sua surpreendente *viralidade*. As palavras, gestos e ações de Jesus tinham algo de contagioso. Em seu tempo, muitos o seguiram. Em uma dessas ocasiões, diante de uma multidão faminta, Jesus realizou três gestos fundamentais. Três palavras que aparecem no relato da instituição da Eucaristia e que o sacerdote repete na consagração: "ergueu os olhos ao céu, pronunciou sobre eles [pães] a *bênção, partiu-os* e os *deu* aos discípulos para que eles os distribuíssem à multidão".

Bendizer, partir, dar: três palavras que nos ajudam a entender o ocorrido junto à multidão cansada e faminta. Três palavras que explicam também a difusão rápida do cristianismo.

Bendizer

É comum que nos custe pensar bem, falar bem e dizer bem sobre as pessoas e a realidade. Há notícias ruins demais e frustrações acumuladas, tanto hoje quanto na Palestina do século I. Contudo, apesar das dificuldades, Jesus bendiz: espera o melhor da realidade, espera contra toda a esperança e "diz bem" (bem-diz). Pede aos discípulos que atravessem a dura crosta da realidade para levar adiante uma missão impossível. "Deem de comer à multidão", lhes diz.

É lógico que os discípulos respondem surpreendidos: "Não temos mais do que cinco pães e dois peixes". Mesmo assim, Jesus pede que não desistam e busquem alternativas.

Muitos dos problemas que enfrentamos são semelhantes ao dilema enfrentado pelos discípulos: Como dar trabalho a milhares de desempregados? Como transformar um modelo econômico baseado em um consumo desregrado que degrada o planeta? Como devolver a dignidade a milhares de refugiados? Como reduzir as diferenças escandalosas entre ricos e pobres?

Todas essas tarefas não são muito diferentes da tentativa de alimentar a multidão "com dois pães e cinco peixes". Diante de tal desafio os discípulos buscaram uma solução. Primeiro, foram capazes de parar e se distanciarem do imediato. Logo, se organizaram em grupos e olharam a realidade com novos olhos. Finalmente, aprenderam a consultar e deliberar. Aprenderam, diante da maldição da escassez, a bendizer as possibilidades de uma abundância compartilhada ainda por ser descoberta.

Este é o primeiro convite da Eucaristia: aprender a dizer bem da realidade (bem-dizer) e a pensar juntos.

Partir

Mas, se bendizer abre o horizonte e ajuda a "mapear" juntos a realidade, partir permite descobrir as frestas do muro pelas quais podemos passar. A palavra "companheiro" significa, literalmente, aquele com quem se partilha o pão. Partir, compartilhar e companheiro se entrelaçam na missa. Nela somos convidados a partir a realidade e compartilhá-la, como fazemos com o pão e o vinho.

Também em nosso tempo, de desesperança e desconfiança, não deixam de surgir iniciativas que apontam na direção contrária: vizinhos que se organizam para colocar em comum recursos ou protestar contra alguma injustiça; fóruns na internet nos quais as pessoas doam o que já não precisam ou ensinam conhecimentos de forma gratuita; desconhecidos que viajam juntos ou trocam suas casas para poderem tirar férias com pouco dinheiro; cidades e organizações que abrem suas portas aos refugiados.

A proposta de uma economia do bem comum e o auge da economia colaborativa, possibilitada em parte pelas redes sociais, são luzes do ambíguo mundo digital. Uma luz que inverte a dinâmica da desconfiança e redescobre a abundância que se gera quando grupos de desconhecidos se atrevem a confiar uns nos outros, "partir" a realidade e sonhar caminhos alternativos.

Este é o segundo convite da Eucaristia: explorar juntos novas possibilidades.

Dar

A dinâmica do bendizer e do partir, leva, finalmente, ao dar. Um dar que é devolver, porque, para o cristão, nada é totalmente seu. Aquele que vive bendizendo aprende a partir da realidade, junto aos outros, e não demora muito em descobrir a alegria do dar, a alegria de comprovar que tudo o que possui lhe foi dado.

Como lembra o Evangelho em outro lugar: "de graça recebestes, de graça dai". Segundo nos narra o Evangelista Lucas no relato da multiplicação, Ele "os deu aos discípulos para que Eles os distribuíssem à multidão". Como escutamos durante a consagração, "Tomai e comei [...]. Tomai e bebei [...]. Fazei isto em memória de mim". Quando vivemos desse modo, dando gratuitamente, a realidade se transforma e multiplica. A escassez se torna abundância.

Por isso, a Doutrina Social da Igreja afirma que os bens têm "um destino universal" e que há uma "hipoteca social" sobre eles. Essa é uma convicção eucarística que, colocada em prática, contagia e transforma a política e a sociedade. Este é o terceiro e último convite da Eucaristia: dai (ou devolvei) o que lhes foi dado primeiro. Convertei-vos em canais, não em barragens.

E ao fazer isso, realiza-se o milagre: os dons se multiplicam, a Eucaristia se coloca em prática e sua mensagem se torna *viral.*

21
O evangelho da simplicidade voluntária

Ao longo da história, a maioria das tradições religiosas propôs a seus seguidores viver de um modo simples e sóbrio, rejeitando a avareza, a usura e o materialismo. A razão principal desse consenso não é uma rejeição do bem-estar e da riqueza (que são considerados, quase sempre, uma bênção), mas uma constatação simples e evidente: quanto mais tempo e energia gastamos para alcançar fins materiais, menos dispomos para os aspectos imateriais e relacionais da vida, incluindo os espirituais.

A crítica ao consumo excessivo e à acumulação material atravessa a tradição cristã, chegando até os nossos dias. Recentemente, o Papa Francisco popularizou a expressão *cultura do descartável,* relacionando a dimensão material e humana de uma cultura que "usa e descarta" as pessoas e a natureza. Com essa expressão, Francisco ressalta a dimensão social da crítica religiosa tradicional ao materialismo, introduzindo ao mesmo tempo a preocupação pelo meio ambiente como uma questão moral.

As raízes históricas da distorção cultural que Francisco aponta são diversas. Mas cabe lembrar pelo menos um dos motivos principais que fazem com que a sociedade entre na dinâmica tríplice de degradação espiritual, social e ecológica.

Uma convicção básica comum às três grandes religiões monoteístas afirma que o ser humano é desorientado facilmente e seu coração não foca no mais valioso, naquilo que lhe enriquece, que cria vínculos profundos e dá sentido à sua existência. Na tradição cristã, essa ruptura foi chamada de "pecado" ou *mysterium iniquitatis.*

Devido a essa distorção, o fiel é convidado a mudar de direção e voltar, repetidamente, ao que é importante, deixando de lado aquilo que o atrapalha, incluindo as propriedades materiais excessivas. Tanto que o chamado a uma reorientação radical das motivações e dos fins últimos da vida constitui a mensagem central da pregação de Jesus. Suas primeiras palavras, no Evangelho de Marcos, são: "Convertei-vos e crede na Boa-nova".

Mas, o que significa hoje em dia *converter* e crer na *Boa-nova*? Essas duas expressões foram interpretadas de vários modos ao longo do tempo e continuam sendo objeto de discussão para os exegetas, teólogos, pastores e fiéis. A pergunta desencadeia o quadro do cristianismo – e até mesmo das religiões – e é introduzida, sem sua característica confessional, em alguns debates seculares contemporâneos que foram ganhando força nas últimas décadas.

Assim, é evidenciada nas propostas acadêmicas e nos movimentos sociais que difundem abertamente – apesar de não fazerem referência a nenhuma tradição espiritual – uma *conversão* necessária aos estilo de vida austero, frugal e sóbrio, a uma nova *simplicidade voluntária.*

Dois desses movimentos seculares, provindos do mundo anglo-saxão, são significativos pela sintonia com a mensagem religiosa tradicional e por exaltar o valor da ascese, que é tão criticada. São as propostas do Simplicity Institute [Instituto da Simplicidade] e de dois jovens norte-americanos autodenominados The Minimalists [Os minimalistas], que convidam a simplificar a vida reduzindo o nível de consumo e a quantidade de possessões materiais com o fim de alcançar sentido e plenitude.

As procedências e motivações desses dois grupos são diversas, mas ambos coincidem na busca por uma vida harmônica e plena, na necessidade de aceitar os limites ambientais de um planeta que não pode suportar um consumo ilimitado, na consciência de que os mais pobres são os que pagam pelas consequências dos desperdícios, e no zelo missionário de transmitir seu próprio *evangelho da simplicidade voluntária.*

A mensagem desses novos pregadores seculares contrasta de maneira poderosa e paradoxal com a de determinados pregadores pentecostais e evangélicos que, nas últimas décadas, andam divulgando com sucesso o chamado *evangelho da prosperidade.* A expressão remonta ao artigo do industrialista e multimilionário Andrew Carnegie: "The Gospel of Wealth" (1889). Com um sentido bem diferente daquele de Carnegie, os proponentes da nova interpretação afirmam que o bem-estar físico e a riqueza econômica são sempre vontade de Deus. A fé, o pensamento positivo e as doações para causas religiosas aumentam, com o tempo, a riqueza material. É a partir disso que os pregadores do *evangelho da prosperidade* animam seus fiéis, inspirando-se em alguns textos bíblicos, pedindo e até mesmo exigindo de Deus a riqueza material.

Apesar de não haver necessidade de entrar no debate teológico interessante por detrás da proposta do *evangelho da prosperidade* e sua vinculação com o auge de comunidades evangélicas e pentecostais que divulgam isso com sucesso, vale a pena contrastar sua mensagem com a proposta – aparentemente tão secular – da *simplicidade voluntária* para descobrir que, normalmente, nas questões religiosas, as aparências enganam.

Enganam porque não fica muito claro qual é o limite entre o secular e o religioso e quem, sob uma linguagem e uma roupagem espiritual, tenta vender (não poderia ser dito de forma melhor) o mote do materialismo. Talvez devêssemos escutar com atenção outras vozes que, a partir dos lugares mais inesperados, usam palavras novas para nos indicar caminhos percorridos desde antigamente.

Antonio Machado escreveu: “Detenho-me e distingo as vozes e os ecos / e escuto tão somente, entre todas as vozes, uma”[8]. Talvez o grande poeta espanhol já previa a urgência do discernimento espiritual e a necessidade de uma nova ascese no modo contemporâneo de viver a fé.

De qualquer modo, não é exagero prestar atenção nas palavras que hoje estabelecem pontes, oferecem um olhar novo e propõem redescobrir o Evangelho de maneira nova. Porque toda palavra que convida à conversão, à simplicidade voluntária e à boa notícia – de onde for – é bem-vinda.

---

8. Tradução nossa.

22
A festa dos foliões

Harvey Cox, um teólogo contemporâneo eminente, escreveu há quase meio século em seu livro *A festa dos foliões:* "Não há motivos para que aqueles que sabem aproveitar a vida não possam ao mesmo tempo se comprometer com uma mudança social profunda, e aqueles que pretendem mudar o mundo não têm por que ser tristes e ascéticos"[9].

Das pinceladas feitas no Evangelho podemos deduzir que Jesus fez as duas coisas: ia a casamentos e jantava com os amigos com frequência, ao mesmo tempo que denunciava a hipocrisia religiosa e a comercialização no templo. Várias vezes foi acusado por seus detratores de ser "comilão e beberrão", embora o que irritava os poderosos era, na verdade, sua luta contra a injustiça e sua proximidade com os pobres e enfermos.

Com o passar do tempo, esses dois âmbitos – o da celebração e o da denúncia – interligados de forma natural na vida de Jesus parece que se separaram na comunidade cristã, até se tornarem quase incompatíveis. Quando nós cristãos, por um lado, propomos transformar o mundo e eliminar as causas da opressão e da injustiça, ficamos extremamente sérios e preocupados; por outro lado, quando celebramos com simplicidade ou saboreamos

9. Tradução nossa.

os dons da vida sem preocupações, não conseguimos evitar um certo peso na consciência por não estarmos cumprindo com nossas obrigações cristãs.

Por que separamos as duas dimensões da experiência cristã – a festa e a denúncia, a celebração e a transformação social –, chegando a torná-las quase incompatíveis? De acordo com o Evangelho, não seria mais sensato e provavelmente também mais frutífero se vivêssemos com naturalidade ambos os convites?

A contraposição de Marta e Maria na famosa cena do Evangelho em que Jesus vai à casa das duas irmãs buscando descanso, expressa sutilmente uma tensão – entre contemplação e ação, entre celebração e serviço – que preocupava já a primeira comunidade cristã. Essa tensão saudável, a história nos adverte, pode se converter em um enfrentamento estéril. Porque não se trata de descobrir o que é melhor – servir ou acompanhar –, mas o que convém em cada momento específico. Naquele dia em que Jesus foi à casa de Marta e Maria, era melhor acompanhar.

O Tempo Pascal é uma boa ocasião para voltarmos a essas histórias e nos perguntarmos como integramos as diversas dimensões da vida cristã. É o tempo no qual recebemos mandatos em aparências diversas que, contudo, apontam para uma única direção: "Alegrai-vos" e "levai a boa notícia do Evangelho a toda criatura"; quer dizer: aproveitem e trabalhem, celebrem e evangelizem.

A alegria que traz o Ressuscitado e o mandato missionário não entram em competição. Pelo contrário, estão intimamente relacionados e se alimentam mutuamente. Desconectá-los supõe empobrecer os dois. A luta pela justiça, sem alegria, torna-se um imperativo moral esgotador; a festa, sem a inclusão do outro, torna-se um clube privado e excludente.

Francisco ressaltou isso com outras palavras em sua primeira exortação apostólica, *Evangelii Gaudium* [A alegria do Evangelho]:

> A mística popular acolhe, a seu modo, o Evangelho inteiro e encarna-o em expressões de oração, de fraternidade, de justiça, de luta e de festa. A Boa-nova é a alegria de um Pai que não quer que se perca nenhum dos seus pequeninos. Assim, nasce a alegria no Bom Pastor que encontra a ovelha perdida e a reintegra no seu rebanho. O Evangelho é fermento que leveda toda a massa e cidade que brilha no cimo do monte, iluminando todos os povos. O Evangelho possui um critério de totalidade que lhe é intrínseco: não cessa de ser Boa-nova enquanto não for anunciado a todos, enquanto não fecundar e curar todas as dimensões do homem, enquanto não unir todos os homens à volta da mesa do Reino.

A religiosidade do povo, tão apreciada por Francisco, torna-se mestra da vida por ser capaz de articular com naturalidade diversas dimensões da experiência cristã: celebração da vida, anúncio do Evangelho, denúncia da injustiça, transformação da cultura.

Porque evangelizar, viver a alegria do Evangelho e construir um Reino de paz e justiça são uma e única tarefa, que está estreitamente vinculada à experiência pascal. Uma tarefa que é, em boa medida, uma loucura: a loucura de crer na ressurreição, a loucura de apostar no Reino de Deus, a loucura de lutar contra os demônios deste mundo, a loucura de esperar contra toda esperança.

E essa loucura é contagiosa. Como bem sabem os especialistas em publicidade e *marketing*, o desejo funciona pela imitação e contágio. Na transmissão da experiência pascal ocorre algo similar; os discípulos contagiam uns aos outros com a fé no Ressuscitado e o desejo de compartilhar o vivido. Esse contágio é o que impulsiona a sair do fechamento e ir ao mundo inteiro anunciar – como se fosse um grupo de foliões – a chegada de um Reino de paz, justiça e amor. Cox tinha razão ao reivindicar uma nova aliança entre a alegria e a transformação social.

As aparições sucessivas do Ressuscitado não são mais do que um vislumbre de Pentecostes, o momento – temido a princípio, mas que acaba se tornando uma grande festa – no qual o Espírito Santo desce sobre a comunidade transmitindo-lhes uma alegria serena e uma esperança profunda.

Fruto dessa experiência fundante, a comunidade se lança – alegre, esperançada e "enlouquecida" por Deus – a comunicar a Boa notícia do Reino e transformar a sociedade de sua época.

Envio, anúncio alegre e luta pela dignidade dos filhos de Deus andam de mãos dadas. Por isso, dizemos que a experiência pascal é uma festa, uma festa de foliões pelo Reino.

23

Pense bem e acertará

"Pense mal e acertará" é um dos ditos mais céticos e ácidos dos provérbios espanhóis. "Quem não é contra nós é por nós" diz Jesus no Evangelho de Marcos, convidando a pensar positivamente sobre todas as pessoas, questionando assim o pessimismo antropológico que invade todos nós de vez em quando. Pessimistas e otimistas, realistas e ingênuos, céticos e confiantes: poderíamos dividir o mundo assim de uma forma um tanto simplista.

Porém, sabemos que a realidade é mais complexa e matizada. Por um lado, não faltam razões para pensarmos no mal, dada a história da humanidade e as notícias terríveis que chegam quase todos os dias de todas as partes do mundo sobre atrocidades que somos capazes de cometer. Por outro lado, essa realidade incontestável não é o fio único – nem o mais importante – dos fios que tecem a trama da história. A fraternidade, a entrega e a confiança que tornam possível a convivência raramente alcançam os chefes de imprensa e costumam passar despercebidos, apesar de não serem menos reais do que as outras questões.

O Evangelho não pede para esconder os problemas, fingindo que não existem, ou cair na ingenuidade de pensar que todo mundo é bom. Pede para sermos simples como pombas e astutos como serpentes. Nos Evangelhos, Jesus aborda o conflito, critica a hipocrisia, denuncia a injustiça, luta contra a mentira, e sua fidelidade à missão recebida o conduz até a morte, uma morte cruel e injusta. Ele teve muitas oportunidades para perceber a existência do mal e do pecado no mundo.

Jesus não é ingênuo, mas também não é cético. Por isso, consciente da condição humana ambígua, insiste: "Quem não é contra nós é por nós". Ainda mais, no final de sua vida, antes de morrer na cruz, abandonado por seus amigos, diz: "Perdoa-lhes, porque não sabem o que fazem". O mal, parece que Ele nos diz, não tem nem identidade, consistência e autoridade; é uma mistura oca de ignorância e estupidez.

Dito de outra forma, Jesus pede para denunciar a realidade, nunca fazê-lo antes da hora e que, na ocasião de denunciar, sejamos capazes de nos compadecer da miséria humana. Mas, enquanto não for demonstrado o contrário, pensemos bem. Pensemos no outro como colaborador, pensemos nele e nela como potenciais amigos, como um de nós. Confiemos que, como princípio, "quem não é contra nós é por nós".

Porque a vinda do Reino de Deus, que Jesus gostava tanto de falar, por acaso não consiste no estabelecimento de relações de colaboração e confiança mútua, até o ponto de transformar o modo de funcionar da sociedade e do mundo? E um requisito para a construção desse Reino por acaso não é pensar bem do outro, olhando-o com bons olhos?

Nestes últimos anos se proliferaram várias iniciativas que permitem o intercâmbio de casas durante as férias, viajar aproveitando os carros vazios, fazer cursos pela internet ou se inscrever para comprar alimentos. Existem até "bancos de tempo", nos quais as pessoas compartilham conhecimento e experiência. Na internet, o melhor exemplo de colaboração gratuita é a criação da impressionante enciclopédia virtual *Wikipedia,* um dos lugares mais visitados da rede.

Todas essas iniciativas – facilitadas pela conectividade da era tecnológica – ilustram o que os especialistas chamam de "economia colaborativa", um movimento ainda marginal, mas que impulsiona cada vez mais o interesse das pessoas. A característica fundamental que permite que esses novos fenômenos de colaboração entre desconhecidos sejam possíveis – afirmam os que estudam a questão – é a confiança. Sem confiança – eles dizem – seria impossível que as pessoas se lançassem experimentando novas formas de viajar, comprar, aprender ou aproveitar o tempo.

É verdade que nem tudo é bom, e que algumas dessas iniciativas acabam não funcionando ou despertam dúvidas pelos aspectos legais ou pelo uso que se acaba fazendo delas. Tudo é suscetível de corrupção ou instrumentalização – lógico –, mas o que é inegável é que apontam para um novo modo de viver na sociedade e de imaginar nossas relações.

No âmbito teológico ficou popularizada há algumas décadas a expressão "cristão anônimo" para se referir a tantas pessoas que vivem de forma inconsciente ou pouco explícita – anônima – os valores do Evangelho. As novas formas de economia social que facilitaram a era digital convidam, de maneira parecida, a descobrir "colaboradores anônimos" dentre a massa de desconhecidos com quem cruzamos todos os dias em nossas cidades e no ciberespaço.

Talvez estas novas formas de aprender, consumir e viajar estão indicando novos modos de viver em comunidade e de construir uma sociedade mais fraterna. A princípio essas propostas alternativas nos dizem, enquanto não se demonstra o contrário: "quem não é contra nós é por nós". Quer dizer, pense bem e acertará também.

QUINTA PARTE
DIFICULDADES

24
Não sou digno, mas...

"Senhor, eu não sou digno de que entreis em minha morada, mas dizei uma só palavra e serei salvo." Esta é a frase que dizemos na missa antes da comunhão. Vem da cena do Evangelho que narra o encontro do centurião com Jesus e, por alguma razão, foi colocada na liturgia ficando gravada para sempre na memória coletiva da comunidade cristã. Mas, por que essa frase, e não outra? O que atraiu a atenção dos primeiros cristãos para considerar conveniente sua inclusão no momento da Liturgia Eucarística?

A indignidade que o centurião (um gentio) confessa antes de pedir a intercessão de Jesus (um judeu) transcende sua condição religiosa e aponta para uma vivência compartilhada por todo fiel que, sendo sincero consigo mesmo, reconhece seus próprios limites. É a nobre experiência de se reconhecer indigno, mas também capaz de buscar a Deus, de pedir seu perdão e de fazer algo para mudar. Essa foi a experiência e esperança daquele pagão cujo nome desconhecemos. Consciente de seus limites, de sua indignidade e de sua pretensão, juntou as forças necessárias para sair ao encontro de quem poderia curar um de seus criados.

Há um pequeno detalhe nessa narrativa que ilumina a cena com uma luz especial e costuma passar despercebido. O centurião recorre a Jesus implorando sua intervenção, mas por um de seus servos. Não pede nada para si, nem para sua família, nem para seus soldados, mas para um simples criado.

Como lemos no Evangelho: "Ele implorou dizendo: 'Senhor, meu criado está deitado em casa paralítico, sofrendo dores atrozes'". O centurião não busca sua própria salvação; intercede para que outra pessoa seja curada, uma pessoa insignificante naquele contexto cultural; um criado, que – como se fosse pouco – ainda era paralítico.

A grandeza do centurião – e provavelmente também a mensagem principal dessa história do Evangelho – não consiste apenas em reconhecer sua condição indigna, mas em se compadecer diante do sofrimento de alguém socialmente inferior, preocupando-se com ele. É sua compaixão pelo fraco que o impulsiona, primeiro, a buscar ajuda e lhe permite, em seguida, experimentar a proximidade e a graça de Deus expressa nas palavras de Jesus.

Como se fosse um bumerangue, a compaixão é voltada para ele, transformada em louvor, um dos maiores que encontramos no Evangelho: "Jesus ficou admirado e disse aos que o seguiam: 'Em verdade vos digo que em Israel não achei ninguém que tivesse tal fé". Será por isso que a comunidade cristã primitiva, aberta cada vez mais ao mundo gentio, identificou a figura do centurião como uma peça-chave? Foi por isso que decidiram fazer memória dele na invocação dos fiéis antes da comunhão?

O centurião representa os gentios que são convidados a participar do banquete da Eucaristia, mas simbolicamente algo ainda mais importante na configuração do cristianismo: a centralidade da caridade como uma das três virtudes teologais.

É uma mistura de compaixão e fé sincera de uma pessoa que se reconhece indigna, o que comove Jesus e que a torna uma pessoa autêntica diante da comunidade. É uma mistura de humildade e valentia o que caracteriza o centurião: a humildade de quem reconhece sua própria fragilidade e a valentia de quem não fica paralisado por isso na hora de ajudar o próximo.

A experiência dura de uma fiel contemporânea ilustra com força essa combinação de fé lúcida, humilde e compassiva. Hoje sabemos pelo seu próprio testemunho que Teresa de Calcutá viveu uma longa *noite escura,* sendo incapaz de encontrar Deus na oração. Contudo, não deixou de sair às ruas de Calcutá a cada manhã, dia após dia, ano após ano, para buscar e acompanhar os moribundos, dando-lhes consolo e uma sepultura digna.

Teresa era consciente de sua indignidade, sua desorientação e fragilidade, mas deixou, apesar da ausência dolorosa de Deus, que a compaixão fosse seu sustento, seu guia e sua luz. Nesse caso, foi a caridade que sustentou a fé. "Não sou digna que entreis em minha morada, mas dizei uma só palavra e me darás força para acompanhar este moribundo", Teresa deve ter pensado mais de uma vez.

Com frequência a experiência de nossas limitações nos paralisa e nos diminui, ensimesmando-nos em nosso pequeno mundo de preocupações, impedindo-nos de prestar atenção às necessidades do outro. Diante dessa tentação, os testemunhos do centurião, de Teresa e de tantos outros fiéis servem de inspiração e estímulo para viver a fé em meio à incerteza. Trata-se de reconhecer nossos "poréns", sim; mas não para criarmos desculpas ou voltar para trás, e sim para dar um passo adiante, apesar das dúvidas.

Porque todos somos indignos, e em alguns momentos da vida mais do que em outros: indignos de sermos chamados de seguidores de Jesus; indignos de pedir quando esquecemos de agradecer; indignos da graça de Deus, que é sempre um dom não merecido.

A entrada de Jesus na casa do centurião e a cura do criado paralítico representa a irrupção – surpreendente, gratuita e sanadora – da graça na vida daqueles que buscam a Deus com sinceridade e conscientes de seus limites. Por isso, a presença fugaz desse homem no Evangelho nos lembra de algo fundamental: quando nos convertemos em mediadores, intercessores e canais da misericórdia, superamos nossa mediocridade e abrimos as portas à graça de Deus.

Então entramos em comunhão com os fiéis que nos precederam, com os cristãos anônimos que buscam a Deus e ajudam o próximo sem ficarem paralisados por seus medos e misérias. Porque entrar em comunhão consiste em reconhecer que "não sou digno de que entreis em minha morada, Senhor; mas dizei uma só palavra e serei salvo".

25
Duvido, logo creio

"Penso, logo existo", dizia Descartes em uma das frases mais repetidas e comentadas da história da filosofia. O matemático francês, que marca o início do período que chamamos de Modernidade, é lembrado também por fazer da dúvida um elemento-chave de sua proposta intelectual. Para ele, a dúvida se transformou em um método, uma ferramenta capaz de questionar preconceitos herdados e um modo de purificar falsos hábitos mentais.

A *dúvida metódica cartesiana* propunha questionar a tradição recebida para colocá-la à prova e permitir, assim, progredir continuamente na busca da verdade. Duvidar, desde então, possui uma conotação positiva e tem um papel-chave na investigação científica.

No âmbito da fé, contudo, a dúvida não tem esse prestígio. Pelo contrário, duvidar é sinônimo de uma fé fraca, insegura e vulnerável. O fiel quer ter uma fé sem fissuras, uma fé inquebrável e firme. Quer ter argumentos sólidos para rebater as críticas, exemplos apropriados para responder às perguntas mais difíceis e respostas certas diante do insuportável silêncio de Deus diante de tanto sofrimento absurdo.

Mas raramente temos essas características. Não temos nem argumentos, nem exemplos, nem respostas. Temos, sim, silêncios e perguntas, muitas perguntas. Perguntas sobre os medos, as angústias e as dúvidas que nos perturbam dia a dia. A dúvida é como uma companheira de viagem incômoda que, com muita frequência se aproxima, gruda em nossa vida e nos questiona. E o que fazer com ela? O que responder quando nos cutuca com suas perguntas?

Meditar sobre a Bíblia pode nos dar pistas. Se dermos uma olhada nas Escrituras constataremos rapidamente que a dúvida atravessa do princípio ao fim todos os seus relatos: Adão e Eva duvidaram com a serpente; Caim questionou mortalmente sua própria fraternidade assassinando Abel; o povo de Israel não confiava em Moisés – nem o próprio Iahweh –, e algumas vezes, em sua longa caminhada pelo deserto, adorou o bezerro de ouro; Pedro e os discípulos – paralisados pelo medo e pela dúvida – também abandonaram Jesus no último momento.

E tem mais: a dúvida visitou até mesmo José e Maria. Na anunciação, Maria pergunta desconcertada ao anjo: "Como é que vai ser isso, se não conheço homem algum?"; no templo de Jerusalém, José e Maria interpelam Jesus angustiados: "Por que agiste assim conosco?" Os próprios pais de Jesus ficam desconcertados e não entendem quem é seu filho nem o que Ele veio fazer no mundo.

O mais surpreendente de tudo é que a dúvida parece atormentar também o próprio Jesus ao longo de sua vida: nas tentações, no abandono dos discípulos, no Horto de Getsêmani e na crucificação. Do princípio ao fim, a dúvida, representada pelo demônio, tenta Jesus.

Já no final de sua vida quando, no alto da cruz, profere as palavras dolorosas do Sl 22 em um grito que ressoa ao longo da história do cristianismo ("Meu Deus, meu Deus, por que me abandonaste?"), Cristo questiona seu Pai, colocando em causa sua fidelidade e sua palavra. Dito de outro modo, o Filho de Deus parece duvidar de Deus.

A dúvida, portanto, não parece ser algo pontual e passageiro. Veio para ficar. Faz parte da própria estrutura da fé e da experiência do fiel. Duvidar não é uma coisa ruim que só passa uma vez na vida; duvidar e crer fazem parte da mesma busca, da única busca possível por uma relação mais sincera e autêntica com Deus. A dúvida e a fé, como o mistério da morte e ressurreição, vão de mãos dadas. Mais do que isso, parafraseando Descartes, poderíamos dizer: "Duvido, logo creio".

Chesterton resumiu isso muito bem quando disse: "Uma fé sem dúvidas é uma fé duvidosa". E tinha toda a razão, porque a dúvida, companheira inseparável de toda fé autêntica, incomoda, mas também desmascara os falsos deuses, questiona as seguranças e purifica a fé, abrindo-a de forma incondicional a Deus.

O relato de Jó e a paixão de Jesus são, talvez, as melhores passagens da Bíblia que mostram a dinâmica de crescimento que a dúvida introduz na vida do fiel. Ambos, tanto Jó quanto Jesus, terminam despidos e abandonados – no sentido literal e figurado –, duvidando de tudo e de todos, duvidando inclusive de Deus.

Mas é então que, a sós e abandonados, despem-se também de toda segurança, de todo apoio, de toda compensação, de todo falso deus. A solidão e a dúvida, no final da provação, mostram-se em toda sua crueza, mas também permitem que a fé, purificada, apoie-se no fundamento mais sólido do que o desejo e a vontade: "Pai, em tuas mãos entrego o meu espírito", exclama Jesus, totalmente desarmado, antes de expirar.

As dúvidas que nos atormentam podem paralisar, desconcertar e levar até a abandonar o caminho da fé; ou podem nos conduzir a uma fé purificada, rendição final, desarme total. Tomé – símbolo do fiel que vacila – representa esse desarme dizendo, rendido diante de Cristo ressuscitado: "Senhor meu e Deus meu".

Talvez por isso é uma figura tão atraente, tão próxima, tão humana. Ele é quem, duvidando, começa a crer. Tomé poderia ter dito: "Duvido, logo creio". Porque crer é duvidar e começar a crer;

duvidar de nossas falsas seguranças e reconhecer a insuficiência de nossas razões.

A dúvida pode ser um grande dom. Um presente que nos salva de nossas seguranças, de nossos falsos deuses, para nos fazer mais permeáveis e nos conduzir ao único Deus verdadeiro. Demos, então, as boas-vindas à dúvida; não à dúvida enferma e obsessiva de Judas, mas à dúvida sã e purificadora de Tomé; a dúvida que nos leva a dizer: "Senhor meu e Deus meu".

26
Dois tipos de tentação

Na vida existem dois tipos de tentação que enfrentamos com frequência: algumas, evidentes, que devemos rejeitar sem dúvidas; e outras, mais sutis, sobre as quais convém discernir antes de agir.

As primeiras estão presentes na Bíblia e são identificadas pelas grandes tradições religiosas como algo pernicioso para o ser humano e para a sociedade. O decálogo é o melhor exemplo desses tipos de tentação inconfundíveis: a mentira, o assassinato, a blasfêmia, o furto, o falso testemunho, o adultério, a cobiça etc. Quando entram na vida cotidiana, convertem-se em práticas habituais e permeiam o tecido social, levando a todo tipo de destruição. Diante delas, indivíduos e sociedade devem resistir.

Mas há outras ciladas do espírito que não são tão fáceis de identificar e por isso entram no ser humano com grande facilidade. São aquelas que – com aparência boa – se apresentam como *necessidade, oportunidade* ou *atalho.* A melhor passagem bíblica para meditar e se exercitar no reconhecimento dessas tentações é quando Jesus é conduzido ao deserto para ser, justamente, tentado.

A tentação como *necessidade*

É a primeira e a mais sutil das três, aquela que não precisa de argumento, de justificações nem de camuflagens. Ela impõe por si mesma, de tão evidente que é. Lembremos deste trecho do Evangelho para perceber sua força e sua lógica implacável: "Por quarenta dias e quarenta noites esteve jejuando. Depois teve fome. Então, aproximando-se o tentador, disse-lhe: 'Se és Filho de Deus, manda que estas pedras se transformem em pães'".

O convite que o tentador faz a Jesus para transformar pedras em pães – e assim satisfazer uma necessidade fisiológica básica como a alimentação – parece bem razoável, dada a situação-limite que narra o Evangelho. Contudo, contra toda a lógica humana, Jesus recusa, indicando algo ainda mais importante: a necessidade de se alimentar da Palavra de Deus.

A resposta de Jesus não deve fazer pensar que todos devemos jejuar heroicamente até os limites que coloquem em jogo nossa saúde (de fato, é impossível para um ser humano sobreviver sem comer nem beber durante tanto tempo), mas deve, sim, nos fazer reconhecer que todos somos chamados a buscar a vontade de Deus e estar dispostos a deixar as coisas – inclusive coisas boas e necessárias – para poder encontrá-la.

A tentação como *oportunidade*

O segundo tipo de tentação costuma se camuflar como religiosa. Quando o tentador propõe para Jesus que se lance ao precipício para que todos o reconheçam como o Messias, o que está propondo é utilizar de sua condição de Filho de Deus para mostrar a seu povo, de uma vez por todas, quem Ele é. Por acaso, Ele não deveria, tendo sido enviado por Deus, ter revelado o quanto antes sua identidade, e assim evitar tanta confusão, tanta rejeição e tanto sofrimento desnecessário? A lógica, mais uma vez, é avassaladora. Mas Jesus, diante de uma oferta tão apetecível, responde de forma tangente: "Não tentarás o Senhor teu Deus".

A maioria das pessoas nunca recebe propostas semelhantes, mas sim propostas para que utilize sua condição de fiel para o próprio prestígio ou justificação. Apesar de acometer principalmente padres e pessoas consagradas, todos somos suscetíveis a esse tipo de tentação; Jesus fazia críticas recorrentes à hipocrisia religiosa, advertindo-nos que todos somos suscetíveis de cair na armadilha.

A tentação como *atalho*

Por último, além de plantear falsas oportunidades revestidas de aparência religiosa, o espírito mal vai direto ao ponto na terceira das tentações. "Tornou o diabo a levá-lo, agora, para um monte muito alto. Mostrou-lhe todos os reinos do mundo com o seu esplendor e disse-lhe: 'Tudo isto te darei, se, prostrado, me adorares'".

A agenda do tentador fica agora muito mais clara do que nas duas ocasiões anteriores. Já não se conforma em satisfazer as necessidades e mostrar oportunidades; apela diretamente a um dos instintos mais básicos do ser humano – o desejo de poder –, para utilizá-lo com um suposto fim bom. Diante de tal pretensão, Jesus responde utilizando uma das expressões mais duras que escutamos nos Evangelhos: "Vai-te, satanás, porque está escrito: 'Ao Senhor teu Deus adorarás, e só a Ele prestarás culto'".

A capacidade de persuasão das soluções rápidas e do uso da força levam a ocasiões espantosas. No fim das contas, a solução política que tantos esperavam no tempo de Jesus parecia um caminho legítimo e lógico – como os próprios apóstolos expressaram mais adiante – para solucionar a subjugação injusta do povo judeu e possibilitar sua libertação definitiva.

Qual seria o sentido em dar tantas voltas e insistir em um messianismo sofredor, humilde, baseado no serviço, podendo utilizar o poder legítimo outorgado por Deus para instaurar um reino de paz e justiça? Não seria mais fácil recorrer à via rápida? Por acaso o fim não justificava, nesse caso, os meios?

Esta última tentação pode parecer distante para quem não desempenha cargo importante; seja político, empresarial, militar ou acadêmico. Contudo, todos temos um certo poder social, laboral ou econômico e – sobretudo – a possibilidade de influenciar nossas relações mais próximas. Nesse caso, não se trata de calcular qual é o nosso influxo social, mas de refletir sobre as diversas ocasiões nas quais os atalhos aparentes podem nos desviar do caminho que desejamos percorrer.

Em seus *Exercícios espirituais*, Santo Inácio distingue sabiamente entre as *regras do discernimento* da primeira e da segunda semanas. As primeiras nos propõem enfrentar as tentações quando a fé ainda é fraca e insegura; as segundas nos adestram para identificar e neutralizar os enganos sutis do espírito mal quando avançamos pelo caminho da fé.

Com essa finalidade, Inácio, bom conhecedor das armadilhas do espírito mau (nas quais caiu inúmeras vezes), convida-nos a contemplar a vida de Jesus e a imitarmos o seu modo de agir, para, assim, podermos identificar e rejeitar as *oportunidades, necessidades* e *atalhos* que, com boas aparências, acabam nos enganando. Contemplar a passagem das tentações pode ser um bom início na formação espiritual que tanto precisamos.

27
O labirinto da solidão e o fio da fé

O poeta e filósofo Jorge Riechmann afirma que as novas tecnologias – especialmente o smartphone – conduziram muitos ao "labirinto da cibersolidão". A expressão, um pouco rebuscada, ilustra, contudo, muito bem a conclusão à qual chegaram alguns sociólogos com palavras mais simples: na era digital, vivemos permanentemente conectados, mas estamos sós (ou corremos o risco de acabarmos ficando sós).

Não é preciso ir à rua, dar um passeio ou subir no ônibus para comprovar que deixamos de olhar para o céu, o tráfego e, o que é ainda pior, para as pessoas. Abduzidos pelas telas luminosas de nossos dispositivos móveis, não prestamos atenção ao que acontece ao nosso redor.

Esses lúcidos observadores de nosso tempo têm razão: o mundo digital e tecnológico trouxe, sem dúvida, vantagens e possibilidades certas de comunicação instantânea e informação ilimitada, mas também nos fechou em nós mesmos, criando pessoas ensimesmadas, perdidas na "cibersolidão" da rede, isoladas em um mundo habitado por imagens e contatos virtuais.

O fio da fé

Essa realidade lembra o mito grego de Ariadne, a filha do Rei Minos de Creta, quem, para evitar que seu namorado, o príncipe

Teseu, se perdesse no labirinto do Minotauro, teve a simples ideia de lhe dar um novelo. "O fio", pensou lucidamente a princesa, "o acompanhará e guiará de volta à entrada depois de caçar o minotauro". E assim foi. Sem o fio, Teseu teria ficado, como tantos contemporâneos nossos, desorientado no labirinto. Graças a esse guia, contudo, conseguiu sair e empreender a viagem de volta a Atenas junto a Ariadne.

O Advento, assim como Ariadne fez com Teseu, também coloca um novelo em nossas mãos, capaz de nos guiar durante o ano todo pelo labirinto da vida. No início do Ano Litúrgico, os cristãos lembram a humanidade de Deus – sua encarnação e sua surpreendente proximidade – e tentam cuidar ou retomar o cuidado com seus familiares e amigos. Esse é o tempo por excelência das comidas, dos reencontros e das celebrações; é o tempo da conversa, da companhia e da relação pessoal.

Por isso, o Natal contrasta com o resto do ano. Diante da pressa e da dispersão que nos atinge muitas vezes no mundo laboral e na vida moderna, o Natal convida justamente o contrário, à estabilidade e ao diálogo. Convida a retomar o fio do importante, daquilo que nos humaniza: a fraternidade, a amizade e a celebração simples da vida.

Quando Jesus diz a seus discípulos "Eu sou o Caminho, a Verdade e a Vida", não está dizendo que há só um caminho que todos devem percorrer para alcançar a vida plena. Está se referindo à sua presença em todos e em cada um dos caminhos, como fio condutor, guia e sentido. Suas palavras são mais um convite do que uma afirmação.

A fé não garante que nunca iremos nos desorientar, que jamais experimentaremos a solidão nem nos perderemos no labirinto da existência. De fato, assim como ocorreu com Teseu, ao longo de nosso peregrinar neste mundo, muitas vezes acabamos perdidos e com necessidade de orientação. Quem nunca precisou em algum momento de sua vida que lhe "joguem a corda", um fio que o tire das dificuldades, reoriente e o permita voltar novamente para casa?

Assim adverte Jesus a seus discípulos: "Quando ouvirdes falar de guerras e subversões, não vos atemorizeis. [...] Nem um só cabelo de vossa cabeça se perderá". Ele nos assegura sua presença fiel até o extremo, até no labirinto mais obscuro, que é a morte. O Jesus adulto e itinerante afirma que no final não vamos nos perder; que, metaforicamente, não se perderá nem um fio de nosso cabelo. Mas o fio condutor de nossa vida é estabelecido desde o início, quando o Deus que se faz humano se oferece para ser nosso acompanhante.

Escutemos seu convite, olhemos seu rosto, notemos os braços estendidos do Menino nos presépios que vemos por todos os lados no Natal. É o próprio Deus quem nos estende a mão, quem joga uma corda; quem nos oferece, como Ariadne, a ponta do novelo, para que nós possamos pegar e não nos perder.

Durante o Advento e o Natal, recordamos o início da história da salvação, o princípio dessa grande narrativa, que é a vida de Jesus, aquela que nos acompanhará e que vamos "desenvolvendo" se meditamos e nos apropriamos dela. O início do ciclo litúrgico coincide com a época na qual celebramos nossa humanidade comum e desejamos o melhor uns para os outros, o momento no qual fazemos propósitos para uma nova vida.

E qual melhor propósito do que pegar o novelo na ponta e não soltar! Não soltemos nunca, porque aquele que pega o fio da fé não irá se perder.

28
A Síndrome de Peter Pan e o amadurecimento espiritual

Se existe algo que diferencia a minha geração da de meus avós, é o número de oportunidades que a vida nos ofereceu. Eles não puderam estudar; nós tivemos acesso à universidade. Eles cresceram em um país dividido e lutaram em uma guerra civil sangrenta; nós tivemos a paz e a democracia como dadas, aproveitando dos benefícios de uma educação universal e saúde pública. Eles não saíram do país nem tiveram tempo para o ócio; nós viajamos para lugares distantes e aproveitamos várias oportunidades para nos formar e orientar nossa vida.

A lista continua, mas basta esta breve enumeração para ilustrar a enorme transformação social, política e econômica experimentada no século XX e o grande salto geracional que causou. Há, contudo, outros âmbitos nos quais não está tão claro qual geração saiu mais beneficiada: a deles ou a nossa. Uma anedota familiar serve para iluminar as diferenças de opinião sobre essa questão.

Em certa ocasião, meu avô materno nos disse de forma taxativa, após uma longa conversa sobre a adolescência: "Em minha época não havia adolescência". Sua afirmação não era fruto de um estudo sociológico nem de uma investigação histórica detalhada. Provinha de sua própria existência. Nascido em 1920 no povo de

Castilla, o caçula de sete irmãos não só ficou órfão de pai e mãe antes de chegar à (suposta) adolescência, mas também foi chamado às linhas da famosa "Quinta del Biberón"[10] para lutar junto às tropas nacionais (meu outro avô valenciano, de fato, lutou com os republicanos na cidade de Teruel).

Após a guerra, não houve tempo para estudar, para viajar nem para conhecer o mundo. Diferente de seus netos, começou a trabalhar imediatamente, casou-se, imigrou e continuou trabalhando para levar adiante sua família até o dia de sua aposentadoria. E de fato, ele, como tantos outros daquela época, não teve adolescência – provavelmente nem conheceu a existência do termo até muito depois. Aos 80 anos, pouco antes de falecer, também não parecia sentir falta dela.

A reação de meu avô me fez pensar e me ajudou a refletir sobre um dos aspectos nos quais talvez nós – os netos e bisnetos daqueles homens e mulheres, filhos da transição e da democracia – não fomos tão favorecidos como pensamos. É a questão do amadurecimento humano e espiritual, vinculado não só às nossas próprias decisões pessoais, mas também ao contexto cultural e histórico no qual nascemos e crescemos.

Ortega y Gasset dizia, identificando as duas forças que moldam nossa vida: "Eu sou eu e minha circunstância". E é verdade: a circunstância, em alguns casos, faz amadurecer de supetão; em outros, retarda o amadurecimento durante anos. Os psicólogos falam de um transtorno do desenvolvimento da personalidade no qual a pessoa nega assumir a passagem do tempo e desempenhar o papel de adulto. Chamam isso de Síndrome de Peter Pan. A primeira vez que escutei a expressão, anos depois daquela conversa familiar à qual me referi, pensei: o que teria dito meu avô sobre

10. Nome dado aos eixos de comando republicanos de 1938 e 1939 em todo o território que ainda controlava a Espanha republicana durante os últimos anos da Guerra Civil Espanhola.

essa patologia? Tenho quase certeza de que, se tivesse lhe perguntado, teria respondido: "Na minha época não existia a Síndrome de Peter Pan".

É verdade que até a década de 1980 – quando o psicólogo Dan Kiley cunhou o termo – não se utilizava a expressão. Mas o certo é que o ser humano sempre precisou amadurecer, de um jeito ou de outro.

Há uma passagem famosa do Evangelho que aponta nesse sentido. É o diálogo no qual Jesus pergunta para Pedro três vezes se o ama. Existem várias maneiras de interpretar essa cena, lógico. As perguntas reiteradas são um recurso literário que tenta evocar as três negações anteriores da paixão, formando uma espécie de díptico sobre a vida de Pedro. Inclusive poderíamos sugerir que no diálogo ressoam também as tentações de Jesus, colocando em destaque a grande diferença entre o Mestre e discípulo – o primeiro diz "não" três vezes ao demônio para poder dizer "sim" no final ao Pai, enquanto que o segundo diz "sim" três vezes depois de ter negado o Mestre.

Mas também podemos interpretar o diálogo em chave pedagógica, como expressão do amadurecimento espiritual progressivo de Pedro e de todo fiel. A repetição, tão valorizada por Santo Inácio em seus *Exercícios espirituais*, é um instrumento poderoso de aprofundamento espiritual que Jesus utiliza em várias ocasiões, apesar de que a intuição não é exclusiva de Jesus. A Bíblia está cheia de repetições, de oportunidades para voltar várias vezes às grandes questões que nos permitem crescer como pessoas e como fiéis: o perdão, a celebração, a morte, a vida, a verdade, o pecado, a comunidade, a oração etc. Precisamos voltar a todas elas periodicamente se buscamos não estancar espiritualmente.

Sem dúvida, algumas pessoas de nosso tempo, especialmente nas sociedades mais industrializadas, têm problemas de amadurecimento e são vítimas da Síndrome de Peter Pan. Na Espanha foi popularizado o termo "*nini*" ["nem-nem"] para nos referirmos aos jovens adultos que *nem* trabalham *nem* estudam e que – em vários casos – continuam vivendo na casa de seus pais. Seria injusto colocar o rótulo de Peter Pan a todos os *ninis*, quando muitos são vítimas da precariedade laboral, mas também seria imprudente negar o abandono pessoal e social existente em algumas dessas situações.

A solução, em qualquer caso, não consiste em negar a existência do problema ou retroceder ao período no qual não havia tempo para se fazer essas perguntas. A saída, pelo menos no âmbito espiritual, só pode ser enfrentando a vida, com todas as suas ambiguidades e incertezas. O próprio Pedro, do Evangelho, tinha algo de Peter Pan e precisou de um confronto direto com sua covardia para poder crescer.

Para o cristão, a pergunta pelo amadurecimento espiritual conduz inevitavelmente à Páscoa, à realidade da morte e da ressurreição. Se algumas pessoas não fazem ideia do que é a Síndrome de Peter Pan, é porque, talvez, afrontem de braços cruzados a realidade da morte, da guerra e da pobreza. Talvez também por isso, Pedro, como todos os discípulos, teve de esperar a experiência pascal para avançar em seu próprio processo de crescimento, para poder compreender os anúncios da paixão e assim interpretar a insistência de Jesus ao perguntar, três vezes: "Tu me amas?"

Também repetidamente, questionemo-nos para o nosso próprio amadurecimento espiritual, até conseguirmos dizer, como Pedro: "Tu sabes tudo, Tu sabes que te amo".

29
Eu me rendo

Nos Evangelhos há um personagem principal (Jesus), um grupo forte de pessoas secundárias (Maria, José, João Batista, discípulos, familiares e amigos de Jesus, fariseus, sacerdotes) e um conjunto de personagens menores (ou agentes de abertura) que aparecem durante um breve instante para depois desaparecerem definitivamente (p. ex.: os reis magos, Jairo, a hemorroíssa, o centurião, o ancião Simeão e a Profetisa Ana). A função desses últimos no conjunto dos Evangelhos é diversificada: alguns conectam com a tradição de Israel, outros supõem uma piscadela para o mundo gentio e alguns simplesmente ilustram um aspecto dos ensinamentos de Jesus.

No caso de Simeão e Ana – os anciãos que vivem no templo e esperam a vinda do Messias – fica evidente que sua função consiste em vincular o nascimento de Jesus à promessa judaica da chegada do Messias. Mas esse casal encantador, cuja história lemos todo ano na Festa da Apresentação de Jesus no Templo, lembra-nos de algo ainda mais relevante para a fé: quais são as atitudes básicas de um fiel diante da vinda de Deus.

Simeão e Ana representam a capacidade de *esperar* pacientemente que aconteça o impossível; os dois mostram, além disso, a necessidade de *renunciar* aos nossos próprios projetos e ideias para acolher a Boa Notícia; e ambos mostram, por último, que é imprescindível *se render* para que Deus possa entrar em nossa vida. Essas atitudes estão presentes no famoso cântico de Simeão ou *Nunc dimittis*:

> Agora, Soberano Senhor, podes despedir em paz o teu servo, segundo a tua palavra; porque meus olhos viram tua salvação, que preparaste em face de todos os povos, luz para iluminar as nações, e glória de teu povo, Israel.

Simeão, com estas palavras, reconhece publicamente que sua espera acabou, que encontrou definitivamente aquilo que buscava e que tudo o que viveu fazia sentido. Após uma longa vida entregue à oração e ao estudo das Escrituras, sua busca, sua paciência e sua perseverança valeram a pena e, finalmente, ele se rende diante da presença de Jesus.

Tanto Ana quanto Simeão representam o amadurecimento espiritual daqueles que vão deixando tudo para trás para focarem somente no importante. Ao mesmo tempo, expressam também uma maneira inocente e desarmada – infantil inclusive – de viver a fé. É a fé do Natal, o tipo de fé despida de argumentos, prazos e seguranças para deixar que Deus entre quando Ele achar que é oportuno.

As imagens da rendição e da fortaleza interior são motivos recorrentes na Bíblia e na literatura mística. Os salmos estão cheios de referências a essa temática. "Meu refúgio e minha fortaleza, meu Deus, em quem confio"; "Tu és minha rocha e minha muralha", diz o salmista. Santa Teresa de Jesus, fazendo eco à tradição sapiencial, também fala, em uma de suas obras mais conhecidas, das *moradas do castelo interior.*

Santo Inácio de Loyola, contemporâneo de Teresa, não utiliza essas expressões, apesar de que a história de sua conversão religiosa e toda a sua vida possam ser entendidas como um longo processo de rendição do próprio castelo interior. De fato, o ponto de inflexão em sua vida espiritual teve lugar, precisamente, durante a rendição da cidadela de Pamplona. Rodeado pelas tropas francesas e ferido por um tiro de canhão, Inácio – que naquela ocasião era o militar responsável pela defesa da praça – não teve outra escolha senão alçar a bandeira branca.

Mas a claudicação militar é seguida, com o tempo, por muitas outras. A entrega da cidadela foi uma antessala da rendição das múltiplas moradas de sua fortaleza interior. Inácio se desarma progressivamente e abandona suas pretensões cavalheirescas, seus ideais de cortesão, seus desejos de permanecer na Terra Santa e até seus escrúpulos religiosos recorrentes.

Só então, após purificar sua experiência espiritual e seu seguimento de Cristo ao longo de muitos anos – depois de vários fracassos e várias tentativas falidas de formar uma comunidade, depois de ser perseguido pela Inquisição e de ser abandonado por seus primeiros seguidores –, Inácio consegue escrever os *Exercícios espirituais,* atrair um grupo de homens para o seu estilo de vida e conseguir a aprovação, por Roma, da Companhia de Jesus.

Nessa ocasião, ao final de sua vida, o velho Inácio se assemelha aos anciãos Simeão e Ana; rendido diante da vontade de Deus e despojado de toda falsa pretensão espiritual, profere sua própria *Nunc dimittis.* E é então que o Espírito Santo entra definitivamente em sua fortaleza interior e ali se instala.

Segundo sua autobiografia, no final da vida Inácio conseguia encontrar Deus em qualquer lugar e com grande facilidade. Fruto da intensa consolação espiritual que experimentava, chorava com tanta frequência, que chegou a ponto de danificar seus olhos (o famoso *dom das lágrimas*). Rendido diante da constante irrupção de Deus, não tinha palavras para expressar sua inefável presença.

Simeão, Ana, Teresa e Inácio, portanto, mostram-nos, cada um à sua maneira, caminhos de crescimento espiritual que passam, todos eles, pela simplicidade, perseverança e rendição. Caminhos que conduzem à claudicação de seus próprios planos, ideias e até imagens de Deus. Apesar de serem personagens secundários na história da salvação, todos eles refletem uma característica da vida cristã: mostrar a importância de se esvaziar e se render para deixar Deus entrar.

"Pois quando sou fraco, então é que sou forte", diz Paulo na Segunda Carta aos Coríntios. E ele tem razão, porque Deus só se manifesta quando abaixo as defesas, alço a bandeira branca e abro a porta. Quando, finalmente, digo: "Eu me rendo".

SEXTA PARTE
DISCERNIMENTO

30
Meditar sobre a própria morte

Não costumamos meditar sobre nossa própria morte, a não ser quando vamos a um funeral ou ficamos gravemente doentes. Isso não era assim no passado nem é assim em muitos lugares do mundo onde a morte está bastante próxima do presente e do cotidiano, não só de um futuro improvável e distante. Um dos filósofos mais influentes do século XX, Martin Heidegger, popularizou nos círculos acadêmicos uma expressão que reflete bem quem somos e qual o nosso fim: somos *seres para a morte,* seres finitos, orientados para desaparecer.

Nossa cultura, obcecada pela juventude e pela saúde, tende a ocultar esse dado básico da realidade para nos fazer acreditar que somos eternos. O "trans-humanismo", uma filosofia contemporânea com uma suposta base científica, reflete essa esperança vã afirmando que chegará o dia (mediado por inovações tecnológicas assombrosas) em que nossos organismos (ou pelo menos os de alguns poucos escolhidos que consigam pagar por isso) vão se regenerar e viver ilimitadamente. Então, afirmam, seremos imortais.

Mas por enquanto, contanto que não demonstrem o contrário com alguns casos comprovados de novos Matusaléns, parece que morremos. E isso vale para todos. Por isso, a conveniência de meditar sobre um dos elementos mais importantes – talvez o mais importante – de nossa vida: seu caráter finito e provisório.

A intenção não é refletir sobre nosso inevitável declive físico e mental para ficarmos deprimidos e assustados; mas, pelo contrário, para vivermos mais plenamente. De fato, essa era a função principal das meditações sobre a morte na tradição cristã: ser um reforço para viver, no aqui e agora, uma vida mais autêntica.

A Bíblia está cheia de convites desse tipo, e suas páginas remetem constantemente ao caráter passageiro do ser humano e à loucura de suas expectativas. A literatura sapiencial, particularmente, insiste várias vezes nesse aspecto. O Eclesiastes, por exemplo, recorda que "há um tempo para nascer e um tempo para morrer" e que "o destino do ser humano e o destino do animal são o mesmo". Jó, em um discurso que reflete sobre o sentido de uma vida aparentemente destinada a um final injusto e absurdo, exclama resignado diante de Iahweh: "Bem vejo que me devolves à morte" (Jó 30,23).

Nós cristãos, conscientes de que somos seres finitos, pedimos na Ave-Maria que a Virgem nos acompanhe nesse trânsito difícil e interceda por nós: "Santa Maria, Mãe de Deus, rogai por nós, pecadores, agora e na hora de nossa morte". A invocação do Cristo da Boa Morte, a devoção a São José ou à Virgem do Bom Sucesso nos recordam também a centralidade que a experiência da morte tem para a piedade popular. A Festa de Todos os Santos e, sobretudo, a dos Fiéis Defuntos – que, infelizmente, foi deformada e comercializada nessa versão grotesca chamada *Halloween* – apontam também nessa mesma direção. Pensar nos mortos e rezar por eles é um modo de tê-los presente e recordar que algum dia nos uniremos a eles.

No entanto, é bom lembrar que as meditações que encontramos na Bíblia, na devoção popular e na liturgia têm uma função-chave já no presente, e não só para nos acompanhar na passagem final da vida. Elas podem ser nos ajudar a abrir os olhos, ordenar as prioridades e escolher bem.

Este é o sentido da pergunta que Jesus faz no Evangelho e que nos convêm rever com frequência: "que aproveitará ao homem se ganhar o mundo inteiro mas arruinar a sua vida?" Inácio de Loyola, nos *Exercícios espirituais*, faz referência à morte nesse mesmo sentido, convidando a imaginar o dia da própria morte, mas escolher bem e orientar as decisões futuras, optando por um determinado estilo de vida.

Por um lado, para fazer uma boa escolha, Inácio propõe "considerar, como se estivesse no leito da morte, a forma e a medida com que gostaria de ter feito a presente escolha, e medindo de acordo com isso, faça em tudo minha determinação". Continuando, ele agrega: "Olhando e considerando como estarei no dia do juízo, pensar como então gostaria de ter deliberado sobre a coisa presente; e a regra que então gostaria de ter tido, ter agora"[11]. O futuro, com essa meditação, projeta-se sobre o presente, iluminando-o.

É verdade que hoje em dia a consciência de um juízo final não tem a força que teve em outras épocas nem a morte costuma ser objeto frequente de nossos pensamentos, orações e conversas. Mas não podemos deixar de reconhecer que esse tipo de meditação nos permite elevar e tomar distância do momento atual para voltar a ele de uma maneira diferente.

Quando Jesus afirma que "céus e terra passarão", agrega em continuidade: "mas minhas palavras não passarão". Precisamos voltar a meditar sobre a própria morte, mas não para nos entristecer, e sim para relativizar nossas preocupações, escolher bem e viver de um modo mais autêntico. Em outras palavras, para ser como realmente gostaríamos de ter sido quando tudo, em última instância, tiver terminado.

11. Tradução nossa.

31
Exercícios de "alongamento espiritual"

No início de seus famosos *Exercícios espirituais* Inácio de Loyola compara a oração com o esporte para explicar no que consiste seu novo método de meditação:

> Assim como passear, caminhar e correr são exercícios corporais, da mesma maneira, todo o modo de preparar e dispor a alma, para tirar de si todas as afeições desordenadas e, depois de tiradas, buscar e achar a vontade divina na disposição da sua vida para a salvação da alma é chamado de exercícios espirituais.

Essa anotação, que se encontra no apêndice dos *Exercícios*, parece uma nota secundária e supérflua. Contudo, quando paramos para meditá-la com atenção, descobrimos que tem muito mais conteúdo do que parece.

Segundo Inácio, a oração, como o esporte, precisa de exercícios variados e diversidade de movimentos para manter a pessoa em sintonia – ou "em forma" – com a vontade de Deus. Certamente, qualquer um que tenha praticado esporte de verdade alguma vez em sua vida deve sorrir ao encontrar essa comparação entre o exercício físico e a vida espiritual. Mas agora, esticando um pouco mais a analogia, podemos nos perguntar: a oração e a prática religiosa, assim como o exercício físico, também devem se prevenir de possíveis lesões?

Médicos e fisioterapeutas sabem bem disso. "Melhor prevenir do que remediar", alguns dizem, remetendo ao ditado popular para nos alertar do risco de lesões. "Os alongamentos *são* parte do exercício físico, não vale pular", um fisioterapeuta me disse. Se para ficar em forma é preciso esquentar, alongar bem e ir com cuidado para não se lesar, ao tentar encontrar Deus, não deveríamos fazer a mesma coisa?

A vida espiritual contém, assim como o esporte, o perigo de lesões. Lesões espirituais. Porque a religião, não podemos esquecer, é um "exercício de alto risco", algo pelo qual pessoas matam e morrem, tanto no tempo de Jesus quanto hoje em dia. De fato, Jesus mesmo preveniu com insistência os homens de sua época diante das três lesões espirituais mais comuns: a desesperança, o ciúme e a hipocrisia.

O famoso relato de Lc 15, por exemplo, pode ser entendido de diversas maneiras: como a Parábola do Filho Pródigo, como a História do Pai Generoso ou como a Meditação do Irmão Ciumento. Além de falarmos do amor transbordante de Deus Pai e da possibilidade do perdão radical, essa história não nos previne também sobre os riscos do ciúme míope e rancoroso, incapaz de se alegrar com o bem do outro?

Na Parábola dos Trabalhadores da Vinha (Mt 20,1-16) – na qual os da última hora são pagos de maneira igual aos primeiros – o dono da vinha (Deus) denuncia o ciúme dos trabalhadores da primeira hora (homens religiosos) e sua incapacidade de reconhecer sua generosidade, e diz: "Estás com ciúme porque sou bom?"

Mas, sem dúvida, a patologia espiritual que mais preocupava Jesus era a hipocrisia, a lesão típica da pessoa religiosa. As críticas duras aos homens piedosos de sua época que escutamos repetidamente nos Evangelhos são prova disso: "Ai de vós, escribas e fariseus, hipócritas! Sois semelhantes a sepulcros caiados, que por fora parecem belos, mas por dentro estão cheios de ossos de mortos e de toda podridão" (Mt 23,27). Eles descuidavam do "mais importante da lei: a justiça, a misericórdia e a fé" (Mt 23,23).

Os fiéis de hoje em dia não são tão diferentes dos daquela época. Como os escribas e fariseus contemporâneos de Jesus, precisamos nos prevenir diante da falsidade e da aparência; precisamos evitar cair na hipocrisia. E para isso ajuda muito exercitar, prevenir das lesões espirituais meditando as palavras do Evangelho. Ajuda muito também fazer com frequência uma série de exercícios básicos e simples, que podemos repetir todos os dias, como exercícios de "alongamento espiritual".

Fazer silêncio – É o exercício espiritual mais básico. É imprescindível para manter a flexibilidade interior. Quando realizado com frequência, aprende-se a escutar com todo o corpo, com os ouvidos, com a vista, com o coração e com a imaginação. No silêncio ressoam as próprias rigidezes, os juízos duros e as palavras inoportunas. O silêncio nos torna mais lúcidos, centra-nos no fundamental.

Agradecer – Custa um pouco mais do que o exercício anterior, mas tem a vantagem de que pode ser feito em qualquer lugar e a qualquer hora, inclusive com barulho. Ajuda muito fazer uma lista para repassar tudo que recebemos durante o dia ou durante a semana. O agradecimento é o melhor anticorpo contra a negatividade, o pessimismo e a maledicência.

Perdoar – Um dos exercícios mais difíceis. Requer muita prática, uma boa dose de paciência consigo mesmo, alongamentos prolongados e, muitas vezes, a ajuda de terceiros. Apesar de sua dificuldade, é imprescindível para prevenir lesões espirituais.

Alegrar-se (de verdade) com os êxitos e as alegrias dos outros. É, a seu modo, o exercício mais complicado de todos, mas quando praticado junto com os outros três e de forma regular, é capaz de prevenir a desesperança, o ciúme e a hipocrisia. É proveitoso pedir com insistência o “alegrar-se com” os outros.

Examinar – Permite avaliar a própria vida, pedir perdão e reconhecer todo o bem recebido. Quando é realizado bem, integra e complementa os quatro exercícios anteriores. Após o exame recomenda-se buscar de novo o silêncio e repeti-lo periodicamente.

32
Imitar Deus

Cada vez mais estamos acostumados às atualizações periódicas de nossos aparelhos eletrônicos. Sejam computadores, tablets ou celulares, todos precisam ser colocados em dia e configurados com os últimos aplicativos ou melhorias do sistema operacional. As atualizações são como um processo de manutenção permanente; já não faz falta levar o aparelho a um técnico; mas, com uma conexão sem fio, podemos fazê-las em qualquer lugar.

No Tempo da Páscoa, quando celebramos a ressurreição de Jesus Cristo, a Igreja nos convida durante quarenta dias a atualizarmos e a configurarmos nossa vida para que ela se pareça, cada vez mais, com a de Cristo. É uma espécie de lembrete programado no Ano Litúrgico, que é ativado no início da Quaresma, quando escutamos: "Tu és pó e ao pó retornarás" ou "Convertei-vos e crede no Evangelho". A partir desse momento começa um período de atualização, reconfiguração ou conversão em três etapas: Quaresma, Semana Santa e Páscoa da Ressurreição.

Mas, diferentemente dos aparelhos eletrônicos, para a conversão não basta ter uma conexão wifi ao alcance e apertar um botão. Não é tão simples. Para nos configurar a Cristo, para atualizar nossa relação pessoal com Ele, temos de nos aplicar pessoalmente e nos converter em operários do duro e custoso trabalho de transformação pessoal. Nenhuma máquina pode fazer isso por nós.

Cristomímese

A conversão, para o cristão, é o horizonte da vida espiritual, um processo que nunca termina e no qual tentamos (estupidamente) imitar e parecer, cada vez mais, com Cristo (sabendo que nunca conseguiremos). Poderíamos chamar esse processo de "cristomímese". A ferramenta utilizada não consiste em baixar o novo aplicativo ou atualização do sistema operacional. Consiste, como indica seu nome, na imitação.

De fato, não é coincidência que um dos livros de leitura espiritual mais populares durante séculos tem como título *A imitação de Cristo*. Imitar Cristo, meditar sobre suas palavras, imaginar sua vida, reproduzir seus gestos e aprender a partir de suas respostas era o modo tradicional de "atualizar" a fé, para ir conformando-a a Jesus. Os *Exercícios espirituais* de Santo Inácio pretendem fazer o mesmo. Mediante a contemplação dos mistérios de sua vida, usando a imaginação, o exercitante vai assimilando o modo de ser de Cristo "para amá-lo mais e segui-lo", para ser outro Cristo.

É verdade que hoje em dia a palavra "imitação" nos soa um tanto defasada. "Como é que eu vou imitar alguém?", nos perguntamos. São as crianças que fazem isso, não os adultos. No final das contas, somos filhos do Iluminismo, somos livres e temos critério próprio. Por que, então, imitar? Mas convém lembrar que, sobre questões de fé, percorremos o caminho de muitos que nos precedem e – falando em linguagem popular – "não dá pra inventar moda". Um exemplo de outro âmbito pode ajudar a entender por que a imitação continua tendo um grande valor.

Biomímese

Falando de imitação, sempre me vem à cabeça o termo que foi popularizado há alguns anos: "biomímese". É uma palavra que procede do âmbito acadêmico e se refere à ciência que estuda o fenômeno da vida como fonte de inspiração para desenvolver novas tecnologias e assim solucionar problemas humanos que a natureza já resolveu faz tempo.

Por exemplo, o primeiro vagão do trem AVE[12], cujo perfil aerodinâmico imita a forma da cabeça de uma determinada espécie de pato, diminui a fricção em alta velocidade. Outro exemplo: as colunas da Basílica da Sagrada Família, em Barcelona, projetadas por Gaudí, que imitam o tronco e os ramos das árvores, resolvem um problema de construção, oferecendo uma solução funcional e bela ao mesmo tempo. A natureza já "resolveu" há milhares de anos os problemas que agora enfrentamos. Por que não a imitaríamos?

A palavra "imitar", portanto, apesar de hoje nos parecer antiquada, voltou com força. E essa volta é válida também para as questões de fé.

Teomímese

Agora pois, se somos capazes de imitar a natureza e de imitar a vida de Jesus, podemos também tentar imitar o próprio Deus? Podemos exercitar a "teomímese", imitação de Deus? Ou seria isso uma pretensão excessiva?

A resposta é não, não é. É legítimo tentar imitar Deus –sabendo, isso sim, que não somos Deus e que nunca seremos. Pelo menos assim deduzimos de alguns convites explícitos de Jesus, o grande imitador do Pai: "Sede bons *como* o vosso Pai do céu é bom"; "Amai-vos uns aos outros *como* eu vos tenho amado"; "Perdoai-nos as nossas ofensas, assim *como* perdoamos a quem nos tem ofendido". Todos são bons exemplos do convite de Jesus para sermos *como* Deus.

Dito de outra forma, Jesus nos convida para reproduzirmos em nossa vida a bondade, o amor e o perdão de Deus; convida-nos

12. Alta Velocidad Española; trem de alta velocidade na Espanha.

a imitar Deus, à "teomímese". E isso é lógico, porque o próprio Deus, no final do relato da criação, afirmou: "Façamos o homem à nossa imagem e semelhança". Daí que o homem é *capax Dei* (capaz de Deus), e não é tão louco que tente parecer com quem o criou – ser cada vez mais sua imagem e semelhança.

Na vida cristã buscamos nos configurar com o mistério de Deus feito homem. Nesse mistério está refletido cada um de nós. Olhando para Cristo, esclarecemos o mistério de nossa própria existência; o mistério de nossa vida, morte e ressurreição. Imitando Deus nos configuramos com o Deus feito homem e, assim, realizamos nossa vocação mais plena: ser outro Cristo. Atualizemos nossa fé, configuremo-nos a Jesus, imitemos Deus.

33
Alavancas de mudança

Tanto a psicologia quanto a espiritualidade coincidem em um ponto: não podemos modificar muitos aspectos de nossa vida de uma só vez. O que podemos fazer são pequenos passos que agem como alavancas de mudança em outros âmbitos. Partindo deles, pouco a pouco, saímos do círculo vicioso no qual estamos acomodados e, inclusive, com o tempo, entramos em outro: virtuoso.

Por exemplo, é bastante improvável que alguém (1) deixe o tabaco, (2) comece a fazer exercícios e (3) modifique sua dieta da noite para o dia. No entanto, apenas uma dessas decisões – mantida por um tempo – pode e costuma conduzir às outras duas. Os catalisadores levam ao início do caminho de saída são muito diversos: um problema de saúde, uma mudança repentina no trabalho, uma transferência, uma advertência séria do médico ou o "efeito contagioso" de um amigo ou familiar próximo. Sempre existe "algo" ou "alguém" que empurra para o primeiro passo.

Na vida espiritual ocorre algo semelhante no que diz respeito à saúde e aos cuidados do corpo; são muitos os que gostariam de ter uma vida de fé mais autêntica e integrada com o resto dos aspectos cotidianos. Outros gostariam de poder começar por completo, encontrar um motivo que os ajudasse a crescer e a aprofundar sua experiência religiosa. Em todos os casos, contudo, é bom começarem por um aspecto bastante concreto, se não quiserem ser levados pelo engano, frustração ou enterrarem antes da hora seus bons propósitos.

Nesse sentido, os relatos das conversões da Bíblia nos iluminam. Em cada um deles encontramos uma alavanca de mudança diferente que age como catalisador da transformação pessoal. Se prestarmos atenção aos Evangelhos, veremos que todas as pessoas que se aproximavam de Jesus tinham a consciência clara da necessidade de reorientar suas vidas. Zaqueu, Maria Madalena, a mulher hemorroíssa, o centurião ou o homem rico não têm um desejo de mudar algo que os impulsiona? Não tentam integrar "peças que andam soltas"? Não buscam encher um vazio? Para cada um, no entanto, é sugerido um caminho diferente, uma alavanca de mudança específica.

Jesus, em seu encontro pessoal com homens e mulheres de seu tempo, primeiro os ouvia, e logo depois lhes pedia para que começassem precisamente pelo aspecto que os impulsionou a dar o primeiro passo: a cobiça de riquezas, a desordem dos afetos, a frivolidade das relações, o esquecimento de Deus, a preocupação excessiva pelo bem-estar, a indiferença diante do sofrimento distante. Cada um sabe bem o que precisa abordar antes.

De fato, Jesus nunca pede para que revisemos toda a nossa vida. Não pede que apaguemos o quadro e comecemos do zero. Ele sabe muito bem que isso é impossível para nós. Propõe, pelo contrário, que reconstruamos nossa vida a partir de onde estamos – partindo de nossa situação concreta – e abordando primeiro aquilo que nos conduziu até Ele. O resto vem em seguida.

Não podemos usar receitas quando falamos de pessoas, mas podemos aprender da experiência de outros fiéis para nos inspirar. A pedagogia da fé exige paciência, mas sobretudo uma estratégia: a simplicidade das pombas combina – também aqui – com a astúcia da serpente. Diante das resistências anteriores que freiam o amadurecimento espiritual, faz-se necessário uma espécie de "acupuntura espiritual" que incida primeiro ali onde a paralisia espiritual é mais aguda.

Jesus era um mestre na arte de combinar ambas habilidades; sabia acompanhar compassivamente e conduzir astutamente cada pessoa. Fruto de um encontro pessoal com Jesus, o publicano Zaqueu decide: devolverei quadruplicado "o dinheiro que roubei"; Madalena se compromete a não pecar mais; o centurião reconhece: "não sou digno de que entreis em minha casa"; a hemorroíssa intui: "se apenas tocar o manto, serei curada". Podemos multiplicar os exemplos, mas poucos bastam para ilustrar o fruto dos encontros que narrativamente duram um instante, mas que provavelmente implicaram um processo muito mais longo de amadurecimento e conversão.

Esses relatos evangélicos podem iluminar a meditação sobre nosso desejo de renovação e nossa necessidade de conversão. Desejar uma qualidade maior na oração, examinar nossa vida com mais atenção, exercitar em pedir perdão, buscar uma leitura espiritual que nos alimente, tirar algo do muito que nos sobra, encontrar momentos para contemplar a criação, dedicar parte do nosso tempo para o serviço ao próximo... são pequenos exercícios espirituais e corporais que a Igreja recomenda; pontos de partida que podem conduzir a transformações maiores. Depende de nós utilizá-los.

Arquimedes dizia: "Dê-me um ponto de apoio e levantarei o mundo". O ditado popular afirma que "todo caminho longo começa com um primeiro passo". A sabedoria de nossos antepassados coincide nesse aspecto com a do Evangelho. Ambas nos convidam a ter humildade e constância – ser como pombas –, mas também astúcia e inteligência – ser como serpentes –, e com um objetivo: converter-nos, a exemplo de Jesus, em alavancas de mudança em nosso mundo. Porque transformando a nós mesmos, o Reino de Deus se faz presente.

34
Dar espaço para Deus

Quando uma mulher engravida, muitas mudanças ocorrem em seu corpo: o útero se dilata, a pele estica, os rins se deslocam, a cintura alarga e os intestinos se reposicionam. E tudo isso para que o ventre possa hospedar vida nova que cresce em seu interior e demanda cada vez mais espaço. Todos viemos daí. Todos "fomos nascidos", deram espaço para nós, deram-nos vida. Não pedimos, não ganhamos, não merecemos. Deram-nos gratuitamente.

O processo de gestação – se alguém já esteve perto de uma mulher durante a gravidez, sabe bem – é surpreendente e incômodo ao mesmo tempo, principalmente nas últimas semanas antes do parto. Dar espaço à nova vida é uma experiência ilusória e cheia de esperança, mas supõe também um esforço incômodo e doloroso.

A metáfora da gravidez nos ajuda a compreender o modo como Deus se relaciona pessoalmente com cada uma de suas criaturas e, em um sentido mais amplo, ajuda a imaginar a criação do mundo. A metáfora é útil também para imaginar nossa missão de cristãos e o modo como somos convidados a viver. Em ambos os casos, a figura de Maria – de quem afirmamos ser a Mãe de Deus – é de grande ajuda.

Vamos começar pelo Livro do Gênesis. Quando paramos um instante para pensar no famoso relato da criação, costumamos imaginar Deus criando *ex nihilo* [do nada], enchendo um cenário vazio. Após a aparição dos astros, da água, da terra, dos animais e das plantas, Deus coloca o homem e a mulher no centro, completando assim um processo que dura simbolicamente sete dias. Missão cumprida. Tarefa finalizada. Criação completada.

No entanto, há fiéis que imaginam Deus se afastando ou se recolhendo na hora de criar, deixando um buraco – valha a expressão – em seu próprio interior, possibilitando assim o aparecimento do universo. O mundo, visto desse modo, não é só a realidade material, externa, criada ativamente por Deus, que percebemos em nossa volta; é também espaço interno que Deus teria deixado ao recolher-se, permitindo que existisse.

Dito com outras palavras, a criação está em Deus, mas não é do próprio Deus; é um espaço de liberdade entregue como presente para o ser humano. Deus cria ativamente, intervindo no mundo, mas também se retira passivamente, deixando espaço para a criatividade humana.

Esse modo complementar de entender o relato do Gênesis pode parecer pura especulação teológica que não leva a lugar algum – Afinal de contas, quem pode comprovar qualquer uma dessas afirmações? –, mas talvez possa nos ajudar a compreender como Deus, ao criar pessoalmente – assim como nossa mãe na gestação – nos deu espaço para que pudéssemos existir e participar do processo criativo, dando continuidade a Ele com nossa vida.

A psicologia evolutiva diz algo semelhante a respeito do desenvolvimento humano. Os pais geram biologicamente um filho. Contudo, o espaço – físico, em um primeiro momento – tem que continuar sendo feito em outros âmbitos – afetivo, educativo, econômico –, se quisermos que ele cresça como pessoa autônoma, madura e livre. Os pais sensatos reconhecem que seus filhos não lhes pertencem, mas que foram emprestados durante alguns anos para logo tomarem as rédeas de suas próprias vidas. Sua função consiste em dar, progressivamente, mais e mais espaço para eles.

A história da salvação, a narrativa da relação de Deus com seu povo e de Jesus com a Igreja, pode ser entendida a partir dessa chave evolutiva, como um processo lento e pedagógico de crescimento, aprendizagem e amadurecimento. Esses modos complementares de entender a criação do mundo, o desenvolvimento humano e a história da salvação – como *atividade criadora* e como *passividade facilitadora* – esclarecem também algo central para a comunidade cristã: a missão da Igreja.

Cristo faz e deixa fazer, transforma e possibilita, liberta e permite usar essa liberdade. Por isso a Igreja, se quiser ficar parecida com Jesus, é chamada a imitar esse modo particular de ser e de fazer. Dito de outra forma, dificilmente vamos comunicar a presença de Deus – além de falar dele e dar testemunho com nossa vida – se primeiramente não dermos espaço em nossa própria vida, se não nos recolhermos para que Ele simplesmente seja.

Nesse ponto vale a pena voltar à figura de Maria, porque a Mãe de Deus integra ambas atitudes de modo exemplar. Além de dar espaço fisicamente para Jesus, a jovem de Nazaré também dá espaço para Deus espiritualmente. Desse modo, ela se converteu no modelo de fiel ao escutar, acolher e imitar a ação livre e criadora de Deus. Sua resposta ativa e agradecida brota precisamente de sua capacidade de escuta e contemplação.

O "faça-se em mim segundo a tua palavra", no relato da anunciação, pode ser entendido como disposição de dar à luz o Messias ou como abertura incondicional a um Deus que tem a última palavra. Imitar essa dupla dinâmica caracteriza a vocação cristã.

Teólogos afirmam que a tarefa da teologia consiste em falar bem de Deus. De modo semelhante, a missão principal da Igreja e de qualquer cristão não consiste em nada mais do que deixar Deus ser Deus, dar espaço para Ele. Maria representa um modelo único e uma fonte permanente de inspiração para levar adiante essa missão.

Pensar nela como a mulher que deixou Deus ser Deus pode nos ajudar. Pode ser de grande ajuda rezarmos e lhe pedirmos para que interceda por nós, para que sejamos ouvintes da Palavra, homens e mulheres capazes de escutar e dar espaço para Deus. Também pode nos ajudar dizermos, com Maria e como Maria, "faça-se em mim segundo a tua palavra".

35
Abra os olhos

Como sou míope, tenho que ir ao oftalmologista todo ano. Na última vez que fui, o médico me disse: “Tenho que olhar no fundo do seu olho e vou dilatar sua pupila. Vou pingar umas gotas e durante algumas horas sua vista vai ficar embaçada. Você não vai poder ler nem dirigir”. E foi assim mesmo. Durante toda a tarde não consegui ler, usar o computador, nem dirigir. Então fui passear durante um bom tempo pela cidade.

Enquanto caminhava, aproveitei para meditar sobre as leituras da ressurreição na Bíblia e me dei conta de que, na maioria das aparições do Ressuscitado que os Evangelhos relatam, os discípulos, familiares e conhecidos de Jesus estavam como eu: não conseguiam ver com clareza. O problema, por assim dizer, não estava fora, no Ressuscitado, mas dentro, em seus olhos, em sua incapacidade de reconhecer o que tinham diante de si: as mulheres, no sepulcro, confundem Jesus com o jardineiro; os apóstolos, “tomados de espanto e temor, imaginavam ver um espírito”; no caminho de Emaús, os peregrinos taciturnos só reconheceram Jesus ao final, “na fração do pão”.

Todos, sem exceção, foram incapazes de reconhecer o Ressuscitado no primeiro momento, e os que receberam a mensagem de um terceiro não acreditaram totalmente. Como é possível que ninguém consiga ver bem? Como é possível que todos sejam míopes?

Pode ser que a incapacidade de reconhecer o Ressuscitado seja o recurso literário ou uma maneira particular de narrar, própria da mentalidade da época. Mas, de qualquer modo, algo parecido não acontece com a gente ainda hoje, 2.000 anos depois? Não continuamos tendo muita dificuldade para ver bem, para descobrir sinais da presença de Deus em nossa volta, para experimentar a ressurreição?

Talvez por isso o Evangelista Lucas – sabendo do que somos feitos e como somos míopes – tenha nos deixado uma das passagens mais cativantes do Novo Testamento. Uma passagem que nos convida a abrir os olhos de novo. É a história dos discípulos de Emaús, uma catequese magnífica da ressurreição, um relato que nos deixa pistas para descobrir o Ressuscitado entre nós.

Escutar

Qual é a primeira pista que Emaús nos deixa? Qual é a primeira coisa que é preciso fazer para descobrir Cristo ressuscitado? A primeira coisa, a história nos diz, é escutar, apaziguar os ruídos interiores, deixar de lado as palavras e as ideias. Jesus, Lucas nos narra, "começando por Moisés e percorrendo todos os profetas, interpretou-lhes em todas as Escrituras o que a Ele dizia respeito". E eles puderam entender por que escutaram com atenção.

Para começar a ver bem, primeiro é preciso escutar. Não basta fazer silêncio, como nos recorda o último superior-geral dos jesuítas, Adolfo Nicolás. Temos de "nos fazer" silêncio. Nos fazer silêncio para acolher a palavra que vem de fora.

Mas não é suficiente escutar e fazer silêncio para "reler" a História Sagrada e a própria história. A fé cristã é uma fé compartilhada, uma fé vivida em comunidade, uma fé celebrada. Os caminhantes e Jesus param para comer e celebrar juntos. Em nosso caso, não pode ser muito diferente. Após a palavra compartilhada vem a mesa compartilhada. Essa é a segunda pista – e o segundo convite – do relato de Emaús.

Celebrar

A celebração mais importante de nossa fé, a Eucaristia, gira em torno de uma comida, uma festa. O ministério de Jesus começou em Caná, em um banquete de bodas; teve o ápice em uma cena junto a seus amigos, a última ceia; e terá a culminação definitiva no grande banquete, na cena das bodas do Cordeiro.

Comer juntos faz parte do "DNA da fé cristã". Por isso, em vários relatos das aparições encontramos uma referência à comida e à celebração da Eucaristia, como em Emaús. Se não há mesa compartilhada, dificilmente haverá fé compartilhada e dificilmente haverá experiência de ressurreição. A participação na Eucaristia torna possível experimentar a fé no Ressuscitado. Ampliar nossa mesa para que os desconhecidos sentem nela expande o horizonte, abre os olhos e ajuda a descobrir entre nós o Cristo pobre que nasceu em um presépio.

Compartilhar

Por último, compartilhar. Esse é o terceiro convite de Emaús. A experiência da escuta da Palavra e a celebração da Eucaristia não são plenas se não transmitem nem comunicam. E isso é especialmente verdade para a ressurreição, porque descobrir o Ressuscitado não é principalmente uma experiência pessoal e íntima; pelo contrário, é, sobretudo, uma experiência comunitária, eclesial, que é recebida e transmitida por contágio, por meio de outros.

Todos experimentamos a ressurreição de forma pessoal, sim, mas mediada por outros que nos comunicaram – por palavra ou obra, de forma discreta ou barulhenta, de modo claro ou confuso. "Se não é comunicado, não acontece", diz um manual de jornalismo. "A boca fala do que o coração está cheio", diz o Evangelho. E ambos têm razão: até que a boca fale, até que pronuncie a palavra, até que transmita, a experiência não é completa. No caso da ressurreição – os Evangelhos insistem –, acontece a mesma coisa.

Todo aquele que experimenta a presença do Ressuscitado precisa comunicar e contagiar. Essa é a terceira pista – e o terceiro convite – de Emaús. Para abrir os olhos precisamos escutar, celebrar e compartilhar.

Conclusão

Há algumas décadas, no âmbito acadêmico da Teologia, foi popularizado um termo proveniente do mundo das matemáticas. Fazia referência ao *método de correlação* para expressar a necessidade, a conveniência (e também os riscos) de *colocar em relação* ao mistério de Deus a experiência vital e cotidiana dos fiéis. Uma relação que, salvo algumas objeções pertinentes, pode ser estabelecida com testemunhos de vida, com gestos e – também, em último lugar – com palavras.

Sabemos bem, contudo, que colocar em palavras a experiência e tentar falar de Deus Pai, de Jesus ou da fé é, em grande medida, uma missão impossível, um esforço de aproximação, um exercício de tentativa e erro. Deus é inefável, o totalmente outro, aquele de quem pouco podemos chegar a saber. E a fé de cada fiel é única, pessoal e dificilmente comunicável.

Ora bem, todo cristão, ao longo da história, recebeu sua fé de outros e foi introduzido no mistério de Deus por meio do mistério de Jesus. Jesus é, em última instância, quem faz a ponte, quem nos permite falar do Pai, quem coloca em relação o ser humano com o ser de Deus.

Eu afirmava na introdução que a transmissão da fé exige uma atualização constante, um colocar em relação a tradição eclesial e a fé pessoal, herança recebida e experiência vivida. O conjunto de meditações que conforma este livro não é mais do que uma pequena tentativa de realizar uma nova atualização de acordo com a nossa época.

Confio que estas pequenas atualizações não só façam nossas convicções mais maduras, mas também mais lúcidas, coerentes e autênticas. Confio também que te convidem, caro leitor, para continuar aprofundando, continuar buscando, continuar colocando em relação fé e vida.

Agradecimentos

Seria injusto e falso dizer que um livro é escrito pelo autor que aparece na capa. Quase nada do que fazemos na vida o fazemos a sós, apesar de pensamos que sim. Tudo aquilo que somos e temos deve-se ao conjunto de pessoas e circunstâncias que tornaram possível que sejamos quem chegamos a ser. Se alguém tem fé, nessa longa lista é imprescindível incluir também Deus, de quem afirmamos – sem mais nem menos – ser o criador de *todo o visível e invisível.*

No caso particular deste livro, o *visível,* os textos aqui recolhidos são devedores de muitas histórias e experiências *invisíveis.* Todas as meditações surgiram em diálogo ou em respostas a perguntas e reações que, como sacerdote e professor, me deparei em aulas, no acompanhamento espiritual ou na pregação.

Muitas das histórias, anedotas e expressões utilizadas nem sequer são minhas, peguei emprestado. São frutos de muitas conversas, muitas vezes inesperadas, e da inquietude por comunicar com palavras novas a mensagem recebida, para torná-la inteligível e próxima da sociedade na qual a maioria das metáforas bíblicas e expressões religiosas é, na maioria das vezes, distante e difícil de entender.

A minha maior esperança ao colocar o ponto-final neste pequeno livro é que sirva para "ajudar as almas". Esta expressão, tão querida dos jesuítas, expressa o desejo que motivou Inácio de Loyola a fundar a Companhia de Jesus. Espero que, se estas meditações servem, que seja para "ajudar as almas".

Epílogo
Perguntas para reflexão

Primeira parte – Deus

1 A chegada de um Deus selvagem

a) Quais elementos da vida de uma pessoa são transformados pela entrada de Deus? Quais sinais externos refletem essa transformação?

b) Poderia dar algum exemplo de mudanças sociais, políticas ou econômicas desencadeadas pela chegada da fé cristã?

2 O Deus cativo

a) Como já experimentou em sua vida o amor incondicional de Deus?

b) Poderia dar algum exemplo de "contaminação cognitiva" ou mudança de ponto de vista relacionadas à experiência da fé?

3 O Deus pirômano

a) Já testemunhou experiências ou histórias de morte que, com o passar do tempo, foram interpretadas como oportunidades de renovação?

b) Quais elementos de sua vida precisam do "fogo purificador" para serem renovados?

4 O Deus ventríloquo

a) Como Deus tem se expressado ao longo de sua vida?

b) Por que é tão difícil em certas ocasiões escutar e interpretar suas mensagens?

5 Donos ou administradores?

a) A contemplação da criação ajuda-lhe a descobrir a presença de Deus em sua vida? De que maneira?

b) O que podermos fazer, como comunidade cristã, para cuidar do dom da criação?

Segunda parte – Jesus

6 O descenso por amor

a) De que forma experimentou que Deus desce e se rebaixa por você?

b) Você poderia dar mais exemplos – do cinema, da literatura ou de sua própria existência – de "descensos por amor"? São comparáveis com a encarnação de Jesus?

7 Responder perguntando

a) Que tipo de perguntas o ajudam a aprofundar a fé cristã?

b) Em questões religiosas, muitas perguntas não admitem uma resposta imediata e simples, por quê?

8 Verdadeiro Deus e verdadeiro homem

a) Em quais situações você já experimentou Jesus como homem? E como Deus?

b) Quais imagens, experiências e histórias o ajudam a entender o mistério da "dupla natureza" do Filho de Deus?

9 O amor cristão: inspiração e transpiração

a) Como você interpreta que o amor cristão seja um mandamento?

b) Quais obstáculos o impedem de viver o mandamento do amor como uma tarefa?

10 Guerra dos tronos: Cristo Rei

a) Como você entende o "reinado de Deus" e o poder de Deus no mundo?

b) Quais espaços de poder você está tentando ocupar em sua vida?

11 A Bíblia em um tuíte

a) Como você resumiria em uma frase – um tuíte – a mensagem cristã?

b) Quais são as frases do Evangelho que mais ressoam com a sua experiência de fé? Por quê?

Terceira parte – Seguimento

12 Deixando (quase) tudo, o seguiram

a) O que você já deixou ao longo de sua vida para poder aprofundar a fé?

b) Você poderia dar exemplos de pessoas – não só santos e santas – que deixaram tudo para seguir Jesus?

13 O dom e o perdão

a) O que lhe custa mais, dar graças ou pedir perdão? Por quê?

b) O que lhe ajuda a vencer a indiferença, o ressentimento e a viver mais agradecido?

14 Construir sobre areia

a) Nos momentos de sua vida em que os fundamentos falharam, como Deus se fez presente?

b) Que outras metáforas – além da rocha e da âncora – servem para expressar a estabilidade que a fé oferece em meio às dificuldades e crises?

15 De Belém a Jerusalém há um caminho

a) Em quais ocasiões você já descobriu a presença do Reino no pequeno, no oculto e no marginal?

b) Você lembra de outras cenas do Evangelho nas quais a morte e a vida, o pecado e a salvação estão entrelaçados?

16 Sentir, saborear e viver a Semana Santa

a) O que lhe ajuda a se dispor, a saborear e a interiorizar as histórias da Bíblia?

b) Quais devoções e tradições permitem aprofundar o sentido da Semana Santa?

17 A gratidão nos salva

a) O que o impede de viver agradecido?

b) Quais situações e pessoas o ajudaram a ser quem você é? Você costuma se lembrar delas?

Quarta parte – Comunidade

18 "O Senhor é meu Pastor", sim; mas não sou apenas mais uma ovelha

a) Como você explicaria sua relação com Deus?

b) Quais as imagens ou metáforas que expressam melhor essa relação?

19 Um fogo que acende outros fogos

a) Que importância o Espírito Santo teve ao longo de sua vida?

b) De quais modos o Espírito está presente em nosso mundo?

20 A "viralidade" da mensagem cristã

a) A capacidade de atração e propagação da mensagem cristã se deve a quê?

b) O que nos ajuda a viver a Eucaristia com mais profundidade?

21 O evangelho da simplicidade voluntária

a) Quais aspectos ou dimensões de sua vida você é chamado a simplificar? De que maneira?

b) De quais modos a comunidade cristã poderia redescobrir o ascetismo como uma oportunidade para viver o Evangelho?

22 A festa dos foliões

a) O que mais lhe ajuda a viver "a alegria do Evangelho"?

b) Como você equilibra o compromisso e a celebração em sua vida?

23 Pense bem e acertará

a) Como podemos evitar pensar mal dos outros e da realidade?

b) Em quais ocasiões o "pensar bem" lhe permitiu descobrir novas oportunidades e abrir portas?

Quinta parte – Dificuldades

24 Não sou digno, mas...

a) Como fiel, o que lhe permitiu aceitar sua própria dignidade e se apresentar de novo diante de Deus?

b) Você conhece exemplos de pessoas que, sendo conscientes de seus limites, conseguiram continuar trabalhando por um mundo melhor?

25 Duvido, logo creio

a) Que força tem a dúvida em sua vida?

b) O que podemos fazer para que as dúvidas nos conduzam a uma experiência mais sincera e autêntica de fé?

26 Dois tipos de tentação

a) O que lhe ajuda a identificar e nomear as tentações que aparecem em sua vida?

b) Quais necessidades, oportunidades e atalhos a Igreja deve rejeitar?

27 O labirinto da solidão e o fio da fé

a) Qual é o "fio condutor" de sua fé?

b) Como fiéis, o que nos ajuda a não nos perder, ou, perdidos, encontrar o caminho de saída?

28 A Síndrome de Peter Pan e o amadurecimento espiritual

a) Quais elementos de nossa cultura impedem o amadurecimento espiritual?

b) Qual papel a repetição ocupa em sua oração e em sua vida espiritual?

29 Eu me rendo

a) Que importância você dá, como fiel, à espera, à renúncia e à rendição?

b) Você consegue pensar em exemplos de pessoas que experimentaram seu crescimento espiritual como um processo de rendição?

Sexta parte – Discernimento

30 Meditar sobre a própria morte

a) Em que medida lhe ajuda pensar sobre sua própria morte?

b) Como as meditações sobre a morte podem servir para vivermos de forma mais autêntica e profunda?

31 Exercícios de "alongamento espiritual"

a) Quais os modos de rezar diversos você já explorou em sua vida?

b) De qual tipo de exercício espiritual estamos precisando mais hoje?

32 Imitar Deus

a) O que lhe ajudou mais nas diversas etapas de sua vida a atualizar sua fé?

b) Como podemos imitar Jesus?

33 Alavancas de mudança

a) Quais alavancas lhe ajudaram a mudar ao longo de sua vida?

b) Você já testemunhou transformações importantes em outras pessoas que começaram com uma decisão pontual, mantida ao longo do tempo?

34 Dar espaço para Deus

a) Como você dá espaço para Deus em sua vida?

b) Como você explica o papel de Maria na vida de Jesus? E sua relação com Deus?

35 Abra os olhos

a) O que nos impede, como comunidade cristã, de descobrir Deus em nosso meio?

b) De que maneira Deus tem se revelado em sua vida?